UDINE
Trends, Tajut und Tiepolo

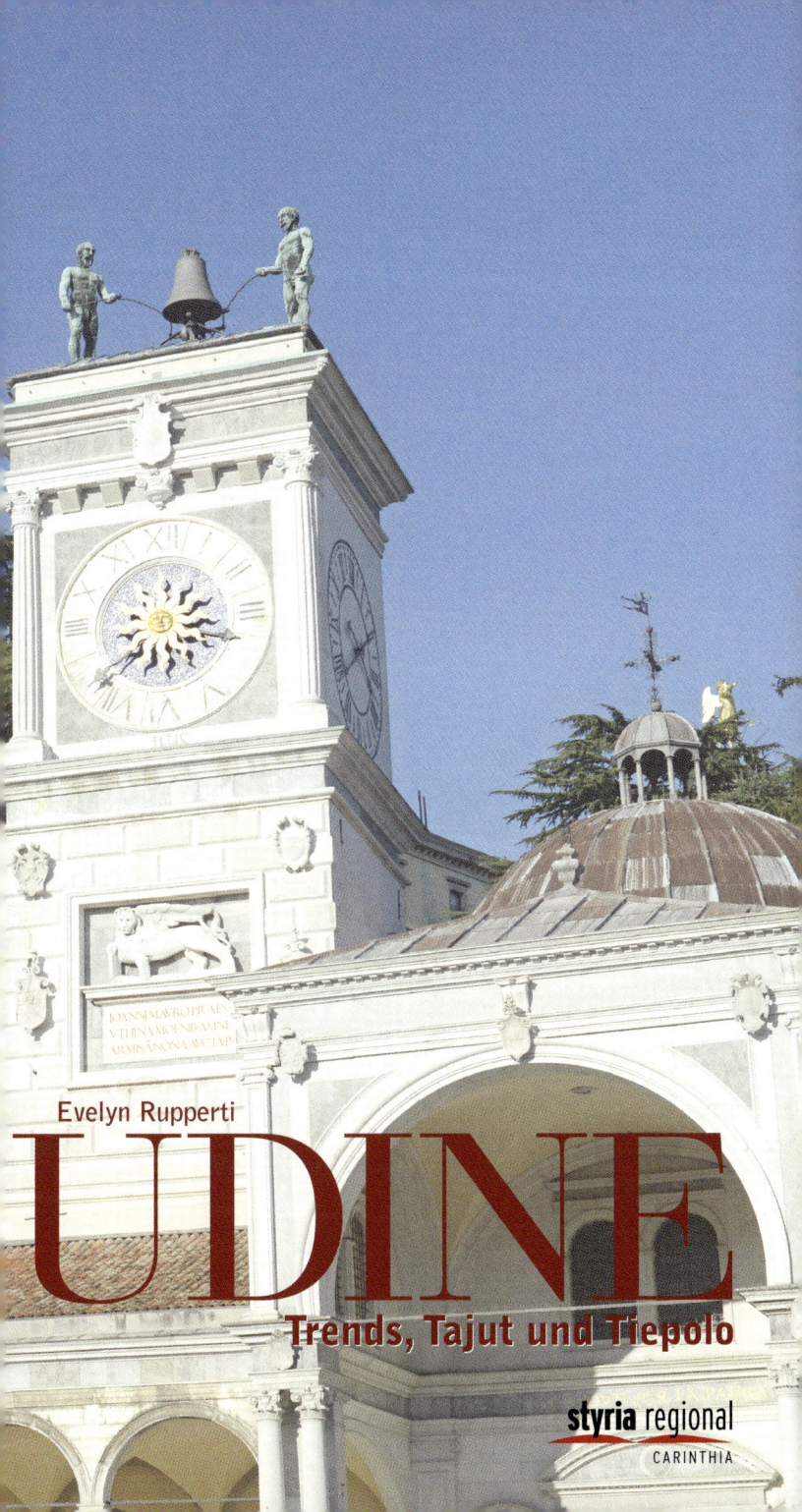

Evelyn Rupperti

UDINE

Trends, Tajut und Tiepolo

styria regional

CARINTHIA

IMPRESSUM

ISBN: 978-3-7012-0129-7

Bücher aus der Verlagsgruppe Styria gibt es
in jeder Buchhandlung und im Online-Shop

styriabooks.at

Lektorat: Mag. Nicole Richter
Coverfoto:
Guido Baviera/SIME
Cover-, Buchgestaltung und Illustrationen:
2 LIONS DESIGN [Carolina Santana]
Druck und Bindung:
Druckerei Theiss GmbH, St. Stefan im Lavanttal

7 6 5 4 3 2 1

Printed in Austria

Inhalt

Udine – nur zum Shoppen viel zu schade

Udine kennt man – und doch wieder nicht. Fast jeder von uns war schon mal dort. Meist zum Einkaufen, womöglich vor längerer Zeit, als man noch auf den modischen Chic der Italiener angewiesen war und Spaghetti und italienische Jause noch eine unwiderstehliche Anziehungskraft ausübten. Und vielleicht nicht immer freiwillig, falls man im Schlepptau der Eltern zu ausgedehnten Einkaufstouren vergattert wurde.

Dieser Einkaufstrend hat etwas abgenommen, bedingt durch die Verbesserung des heimischen Angebotes, sowohl was Mode als auch Kulinarik betrifft, aber auch durch das gestiegene Preisniveau in Italien, das sich zu unserem Leidwesen an unseres angeglichen hat. Außerdem machen sich die Shoppingmalls bemerkbar, die kaufwillige Besucher schon vor den Toren der Stadt abfangen. Ja, auch die City Udines hat so ihre Probleme, die durch die Wirtschaftskrise, in die Italien hineingeschlittert ist, nicht gerade weniger werden. Wer trotz der Versuchungen der glitzernden Einkaufswelten bis in die Altstadt vordringt, wird aber kaum etwas von dieser Krise bemerken: Dem Charme der exquisit gestalteten Schaufenster in den kleinen Gassen und unter Arkadengängen haben Shoppingcenters nichts entgegenzusetzen. Wie eh und je hängen die Udineser leidenschaftlich und in Trauben vor den Bars, Cafés und Enotheken und lassen sich ihren Tajut – oder vermehrt Prosecco und Aperol Spritz – schmecken, als gäbe es kein Morgen. Die Gassen summen vor Geschäftigkeit, und dass sich die Städter hauptsächlich auf umweltschonenden Fahrrädern fortbewegen, so lange es das Wetter irgendwie zulässt, hat weniger mit Ökologie oder mit der Geldbörse zu tun, als einfach damit, dass man derart schnell und bequem ans Ziel kommt.

Und damit sind wir jetzt an dem Punkt, warum es diesen Reiseführer gibt: Udine mit seinen wieder über 100 000 Einwohnern ist wunderbar zum Einkaufen, Bummeln, Kaffeetrinken, um Trends zu entdecken und „Italianità" zu atmen – doch es hat weit mehr zu bieten. Gediegene, alte Viertel, wo Sie garantiert noch nie waren.

Einen Schlossberg mitten in der Stadt, von dem man eine herrliche Aussicht genießt. Traditionelle Stadtfeste historischer *Borghi* (Stadtviertel) mit Umzügen und Märkten. Gar nicht zu reden von altehrwürdigen Palazzi und tonnenschweren Denkmälern, die quer durch die Stadt übersiedeln. Beeindruckende Plätze, die mindestens drei verschiedene Namen tragen, oder uralte Osterias und moderne Bars, in denen Sie sich durch die besten Etiketten friulanischer Weine kosten können. Es gibt so unglaublich viel zu entdecken in Udine, an Kunst und Kultur, von Tiepolo bis zu den Basaldella-Brüdern, an Kulinarischem und an ganz besonderen Läden, die statt Massenware Nicht-Alltägliches in ihren Regalen präsentieren. Lassen Sie sich ein auf dieses „Mehr" an Udine – und Sie werden sehen: Nur zum Shoppen ist Udine viel zu schade!

Für all jene, die sich schnell einen Überblick verschaffen wollen, gibt es hier eine Top 10-Liste für jene Dinge, die es in Udine unbedingt zu entdecken und erleben gilt:

1. Mit einem **Gläschen Prosecco auf dem Schlossberg** sitzen und den grandiosen Überblick über die Stadt, das Umland bis hin zu den nördlichen Bergzügen mit dem goldenen Erzengel teilen.
(Seite 50)

2. Das versteckte **Universitätsviertel** entdecken und sich in den kleinen kanaldurchzogenen Gässchen wie in Venedig fühlen.
(Seite 60)

3. In der **Via Paolo Sarpi** auf einen **Tajut** von Bar zu Bar ziehen und zu Crostini mit *Formadi frant* und Kren seinen friulanischen Lieblingswein küren.
(Seite 110)

4. Sich in einer der ungezählten **Osterias** der Stadt auf ein typisch friulanisches Gericht einlassen und einmal *frico, trippe, musèt e brovada* oder *orzotto* ordern!
(Seite 89)

5. In der Altstadt unter Arkaden schöner shoppen und lieber in kleinen **Handwerks- und Designerläden** stöbern als in den Shoppingmalls vor der Stadt.
(Seite 128)

6. Herausfinden, warum man in Udine so stolz auf einen venezianischen Künstler namens **Tiepolo** ist – und einen Blick in ein ehemaliges Theater werfen, das heute ein Gotteshaus ist. Oder einen gründlichen Streifzug durch Tiepolos künstlerische Hinterlassenschaften in Udine machen.
(Seite 72)

9. Ganz ohne Audienz beim **Größten aller Patriarchen** vorbeischauen und im Dommuseum seinen prachtvollen Sarkopharg und Relikte seiner Zeit bestaunen. **(Seite 47)**

7. **An historischen Orten die schönsten Geschichten** der Stadt entdecken und mehr erfahren über die verlorene Stadt am Schlossberg, Romeo und Julia aus Udine, das Seemonster von der Piazza I° Maggio, die Palazzi und Denkmäler, die quer durch die Stadt versetzt wurden, den Franziskanerpater, der die Chinesen bekehrte und vieles mehr.

10. Von der Loggia del Lionello aus auf der **Piazza Libertà** die Markuslöwen zählen und auf der spiegelnden Marmorfläche einen Walzer tanzen. **(Seite 24)**

8. Das neue **Museum für Moderne und Zeitgenössische Kunst** in der auf Hochglanz gebrachten Casa Cavazzini mitten in der Stadt besuchen und in einer der bedeutendsten Galerien des Landes zwei Jahrhunderte italienischer Malerei kennenlernen. **(Seite 29)**

Blick vom Schlossberg, im Hintergrund der Tempio Ossario

Wie Udine zu dem wurde, was es heute ist

Wer Udine verstehen will, kommt um die Geschichte Friauls nicht herum. Doch keine Angst, wir bleiben beim Wesentlichen! Und müssen in diesem Zusammenhang gar nicht allzu weit zurückschauen, denn Udine taucht erst 983 in den Dokumenten auf – kein Vergleich mit dem ehrwürdigen Alter Aquileias oder Cividales! Dennoch, archäologische Funde zeugen davon, dass auch Udine schon viel früher, nämlich im Neolithikum, besiedelt war.

Wie Attila den Schlossberg von Udine erschuf

Das landschaftliche Herz der Stadt, den Schlossberg, gibt es wohl schon seit der Eiszeit, denn er ist das Überbleibsel einer Endmoräne, aufgehäuft aus Fluss- und Gletscherkonglomeraten. Die Sage hält allerdings eine weitaus spektakulärere Erklärung bereit: Danach ist diese so seltsam allein dastehende Erhebung durch die Hunnen entstanden, die 452 das Land überrannt und das legendäre Aquileia im Süden der Ebene in zerstört hatten. Waren die gnadenlosen Krieger der Hunnen normalerweise für ihr effizientes Zerstörungswerk bekannt, so sollen sie hier ihre Kräfte aufgewendet haben, um etwas Neues aus dem Nichts zu schaffen – nämlich den 156 Meter hohen Hügel –, und zwar indem sie in mühsamer Kleinarbeit Erde mit ihren Helmen aufschütteten, bis der Hügel hoch genug war, um Hunnenkönig Attila von der Spitze aus einen triumphalen Blick auf seine letzte Heldentat zu bieten: das ferne Aquileia in Rauch und Asche.

In dem schicksalshaften Jahr 983 jedenfalls unterzeichnete der römisch-deutsche Kaiser Otto II. eine Urkunde, die den Patriarchen von Aquileia als Besitzer von fünf Ortschaften, zu denen auch Udine, oder besser gesagt **Castrum Utini**, gehörte. Und damit fängt Udine an, offiziell für die Geschichte zu existieren.

Castrum Utini war, wie es der Name schon sagt, damals nichts anderes als eine Burg auf dem Hügel, in dem der Statthalter des Patriarchen mit einigen Familien wohnte. Am Fuße der Siedlung sorgten Bauern und Handwerker in einer ebenfalls befestigten Siedlung für die lebenserhaltende Infrastruktur. Weil die Zeiten rau waren, war auch dieses Dörfchen baulich geschützt – und zwar durch eine Mauer und einen breiten Graben, der übrigens genau dort verlief, wo sich heute die ebenso breite Via Mercatovecchio wie ein schützender Ring um den Hügel schmiegt – mit einigem Abstand natürlich, um der Siedlung und der Mauer genügend Raum zu geben!

Inzwischen tat sich rundherum im Land so einiges: Den mächtigen Patriarchen von Aquileia war der Aufenthalt in ihrer gleichnamigen, schwer zu verteidigenden Zentrale zu gefährlich geworden, sie zogen erst nach Grado und später nach Cividale, die Stadt östlich von Udine, welche die kriegerischen Langobarden zu ihrer Hauptstadt erkoren hatten, und von der aus sie ihr riesiges Reich errichteten.

Die Langobarden wurden besiegt, aber die Macht der Patriarchen wuchs weiter an. Verwirrende Feudalverhältnisse und chaotische Zustände herrschten in diesen Zeiten, die erst durch Heinrich I., Graf von Bayern und seines Zeichens Bruder von Otto I., beendet wurden. Die Loyalität der Patriarchen wurde mit Barem und Lehen abgegolten und sie häuften immer mehr Macht und Reichtümer an.

Ende des 11. Jhs. herrschten die Patriarchen von Aquileia von Cividale aus schließlich über die größte Kirchenprovinz Europas – bis es den hohen Herrschaft auch dort zu ungemütlich wurde, weil Feudalherren wie die Grafen von Görz, aber auch die zunehmend selbstbewussten Bürgerstände ihnen zusetzten.

Steile Karriere mit den Patriarchen

Damit kommt Udine erstmals in größerem Stile geschichtlich ins Rennen, denn seit der Patriarch Berthold von Andechs die Vorzüge des zentral gelegenen Ortes für sich entdeckt hatte, pflegten die edlen Herren vorwiegend in Udine zu residieren. 1245 erhielt Udine in der Folge das Stadt- und Marktrecht und mauserte sich langsam zu einer nennenswerten Größe. Der Marktplatz wanderte damals vom Mercato Vecchio zum Mercato Nuovo, der heutigen Piazza Matteotti.

Jetzt begann Udines Stern richtig zu funkeln: Die Bedeutung, die einst Aquileia und Civiдale hatten, ging nun an die Stadt inmitten der Tiefebene über – sie wurde das politische, wirtschaftliche und kirchliche Zentrum des Patriarchenstaates.

Sie zog im Soge der zahlreichen deutschstämmigen Patriarchen ebenso zahlreiche deutschstämmige Bürger an, die Udine auf Deutsch **Weiden** nannten, und die Stadt wuchs rasch. Die Besiedelung rund um den neuen Marktplatz wurde dichter und erweiterter Schutz war vonnöten, den ein neu erbauter Mauerring und ein Kanal bieten sollten. Die Mauer ist im Laufe der Zeit verschwunden, doch den Bewässerungskanal, Teil des Rogge-Systems, gibt es immer noch.

Zu den wichtigsten Verbündeten der Patriarchen gehörte die Feudalherrenfamilie der **Savorgnan**, die nicht zuletzt aufgrund ihrer guten Beziehungen landesweit eine wichtige Rolle spielte und sich als eigentliche Herrscher über Udine etablierte.

Eine fruchtbare, wirtschaftlich erfolgreiche Phase für den sogenannten Patriarchenstaat und die Stadt Udine folgte. Eine der Hauptfiguren dieser Zeit war der mächtige **Patriarch Bertrand de Saint-Geniès**. In seiner 16-jährigen Herrschaft (1334–1350) gelang es ihm nicht nur, die Görzer Grafen wieder aus Civiдale zu werfen, er schuf auch gute Beziehungen zu Österreich und Venedig und reformierte das Land. So groß muss der Wohlstand gewesen sein, dass man es für nötig hielt, ein eigenes Gesetz zu erlassen, das „übertriebenen Schmuck sowohl bei Männern als auch bei Frauen" verbot.

Patriarchenmord und blutige Rache
Aber der Teufel schläft nicht, und trotz üppig gedeckter Tische und voller Schatzkammern schwelten Eifersucht und Machtgier: Civiдale und Aquileia gönnten Udine den Glanz einer Residenzstadt nicht, und friulanische Adelsfamilien den einflussreichen Savorgnans nicht die Machtfülle, über die sie verfügten. Und so organisierten die Grafen von Görz gemeinsam mit Bürgervertretern von Civiдale die Ermordung des damals schon 90-jährigen Patriarchen in einem hinterhältigen

Überfall, als dieser von Sacile nach Udine zurückritt. Er muss für sein Alter erstaunlich fit gewesen sein, wenn er in greisem Alter noch eine derart anstrengende Reise zu Pferd unternehmen konnte! Immerhin ist die liebliche Stadt im Westen Friauls an die 60 Kilometer Luftlinie von Udine entfernt. Und von den damaligen Straßenverhältnissen ganz zu schweigen.

Bertrands Leben fand auf dieser Reise jedenfalls sein Ende, aber auch die Attentäter hatten sich damit keinen Gefallen getan, rächte doch sein Nachfolger Nikolaus von Luxemburg die Untat mit den grausamsten verfügbaren Methoden – dazu gehörten Spezialitäten wie Vierteilen und Aufspießen der Köpfe an Udines Toren.

Die Venezianer kommen, um zu bleiben Besagter Nikolaus war der letzte Patriarch, unter dem die Beziehungen zu den Habsburgern noch gut waren – bald danach avancierte das österreichische Herrschergeschlecht zu den Hauptgegnern der neuen Patriarchengeneration. Doch da waren auch die Venezianer, die ihr Scherflein an Macht und Land haben wollten, dazu eifersüchtige Städte, gieriger Adel und aufmüpfige Bürger. Als sich die Patriarchen in Udine in einem Konflikt zwischen Venedig und Ungarn auf die Seite des ungarischen Königs Sigismund schlugen, war es vorbei mit der patriarchalischen Herrlichkeit, denn die Serenissima ließ sich diesen willkommenen Anlass nicht entgehen: Die venezianischen Truppen marschierten in Friaul ein. Udine ergab sich 1420 als letzte Bastion. Von nun an herrschte der *Luogotenente*, der Statthalter Venedigs, über Udine und Friaul, und die Macht der Patriarchen war zumindest empfindlich eingeschränkt.

Friede gab's deswegen aber noch lange nicht – dafür sorgten die Türken, die im 15. Jh. mit ihren Reiterhorden durch Friaul fegten, wie einst der grausame Attila. Sie hinterließen verwüstete Landschaften und zerstörte Dörfer, die Bewohner wurden getötet oder verschleppt, das Vieh geraubt, die Häuser niedergebrannt.

In Zeiten wie diesen war starke Befestigung oberstes Gebot, und nachdem Udine weiter wuchs und die Grenzen seines Verteidigungsringes schon wieder sprengte, war 1492 wiederum ein neuer, erweiterter Mauerring angesagt, der nun auch den Dombezirk und die Vorstädte Poscolle, Grazzano und San Cristoforo mitsamt ihren Äckern einschloss.

Erst im 19. Jh. wurde die letzte Stadtmauer mit ihren insgesamt dreizehn Toren endgültig abgerissen – nur die **Porta Aquileia** (am Ende der Via Aquileia, heute standesgemäßer Sitz des Konsortiums der historischen Burgen Fr*auls) und die **Porta Villalta** im Westen, am Piazzale Cavedalis, geben noch Zeugnis von diesem äußersten Ring.

Den Habsburgern waren die Expansionsgelüste der Venezianer schon lange ein Dorn im Auge. Mithilfe einer starken Allianz mit Franzosen, Engländern, Spaniern und sogar dem Papst gelang es ihnen, den machthungrigen Vertretern der Serenissima einen Schuss vor den Bug zu versetzen. Immerhin verhandelten die unterlegenen Venezianer geschickt genug, um nach Ende des Krieges 1514 die alten Patriarchengebiete westlich des Flusses Iudrio (in der Nähe von Cormòns) zu behalten. Udine blieb also venezianisch.

1511: Grausamer Karneval und großes Erdbeben
Ein blutiger Bürgerkrieg im Jahr 1511 ging als sogenannter *Crudel Zobia Grassa (ital. Crudele Giovedì Grasso, „Grausamer Fetter Donnerstag")* in die Geschichte ein, er wälzte sich von Udine aus über ganz Friaul. Darauf folgte später im Jahr das große Erdbeben, dazu Feuer und schließlich die Pest, was die Situation der ohnehin armen Bevölkerung weiter verschlimmerte.

Ungewöhnliche 100 Jahre bleiben danach friedlich, ehe die Venezianer 1615 von den Habsburgern vorsorglich nochmals eine militärische Schlappe verpasst bekamen. Damit festigten die Habsburger zwar ihre Herrschaft über den östlichen Teil des Friaul, viel änderte sich damit aber nicht. Für Udine waren also eine lange Zeit, nämlich 380 Jahre hindurch, die Venezianer zuständig. Die Stadt gewann sogar noch an Bedeutung, als die einflussreiche Diözese Aquileia aufgeteilt wurde, um die es ständig Reibereien gab. Der Papst schuf auf Betreiben der Habsburger 1751 stattdessen zwei neue Erzbistümer, nämlich Görz für den habsburgischen Teil und Udine für den venezianischen, was dem Status der beiden Städte nicht gerade abträglich war.

Chaos im Lande und Turbulenzen im Parlament

Die Machtverhältnisse im Friaul waren unter venezianischer Herrschaft kompliziert wie eh und je, das Land war zersplittert in kleine und kleinste Territorien mit unterschiedlichen Rechtsprechungen und Gerichtsbarkeiten. Die Lage war chaotisch und unübersichtlich – allein: Venedig machte keine Anstalten, durchzugreifen. Sechzig oder siebzig Familien, die großteils aus dem Norden stammten, hatten damals im Friaul das Sagen. Wie es im Parlamentssaal des Castellos bei den alljährlichen Zusammentreffen zugegangen sein muss, lässt uns die Schilderung des Schriftstellers Ippolito Nievo erahnen, der in „Bekenntnisse eines Italieners" aus 1867 ein turbulentes Bild davon zeichnete. Zahlreiche Geschlechter übten auf den ihnen unterstellten Gebieten uneingeschränkte Gerichtsbarkeit nach dem eigenen Rechtsverständnis aus, dazu kamen die Abgeordneten der freien Gemeinden und schließlich die Vertreter des Bauernstandes, die sich allesamt einmal im Jahr unter dem Luogotenente, dem venezianischen Statthalter, hier trafen. Es war dies nicht zufällig der 11. August, an dem der Markt des heiligen Laurentius abgehalten wurde, der einen willkommen Anlass für Handel und Kurzweil aller Art bot. Schließlich wollten die hohen Herren nicht nur beraten, sondern sich wohl auch vergnügen. Die Beratungen selbst kann man getrost als Farce bezeichnen – war doch alles von Wichtigkeit schon im Vorfeld entschieden und Privat- und Feudalrechte der Herren selbst wurden ohnehin nicht angetastet. Fundierte Debatten wären aber so oder so ein Ding der Unmöglichkeit gewesen, denn die vielen verschiedenen Sprachen und Dialekte machten genauso wie das fehlende einheitliche Recht etwas Gemeinsames unrealistisch. Die Sprachverwirrung muss babylonische Ausmaße gehabt haben, denn neben dem Latein und Toskanischen bedienten sich die Vertreter je nach Herkunft des Venezianer-Dialektes, des Italienischen oder Furlanischen.

Sprachprobleme hin oder her – die Mächtigen richteten es sich jedenfalls, während es der Landbevölkerung immer schlechter ging. Die Folgen der Türkenüberfälle, Seuchen und Naturkatastrophen leerten das Land. Die Venezianer unternahmen nichts gegen den wirtschaftlichen Niedergang, im Gegenteil, sie pressten den letzten Lebenssaft aus der Landbevölkerung, indem sie immer höhere Steuern einhoben und sogar altes Gemeindeland an reiche Patrizier verschacherten, sodass die Bauern nicht einmal genug Weideland hatten, um auch nur eine Kuh zu ernähren. Die Städte, und dabei vor allem Udine, hingegen blühten auf – im 16. und 17. Jh. folgten sogar aus der Lombardei zahlreiche Familien der magnetischen Anziehungskraft der blühenden Stadt, um hier im Friaul „Karriere" zu machen – sowohl in gesellschaftlicher als auch in wirtschaftlicher Hinsicht.

Wer hat den prächtigsten Palazzo der Stadt? In Udine
wuchsen in den fast vier Jahrhunderten venezianischer Herrschaft prachtvolle Paläste im Zentrum und repräsentative Villen in der südlichen Vorstadt aus dem Boden. Dabei hatte Udine wirtschaftlich durchaus zu kämpfen, denn seine Bedeutung hatte es u. a. auch dadurch erlangt, dass es ein bedeutender Handelsknotenpunkt zwischen Nord und Süd war. Diese Rolle wurde ihm jedoch zunehmend von San Daniele streitig gemacht. Immerhin war Udine aber nicht nur Hauptstadt der Patria del Friuli, des Patriarchenstaates, sondern auch Sitz der venezianischen Statthalter, deren Geltungs- und Prestigebedürfnis die Errichtung prachtvoller Bauten und Plätze erforderlich machte. Einem regelrechten Wetteifern um die prächtigsten Bauten verdankt es seine schönsten Paläste: besonders die Familien **Savorgnan** und **Manin** verpflichteten die bekanntesten und teuersten Künstler und Architekten ihrer Zeit, um sich noch prächtiger und noch imposanter zu präsentieren. Die Barockmaler Tiepolo und Quaglio sowie Rossi und Palladio als Architekten waren nur einige aus der illustren Riege, deren Arbeiten Udine zur schillernden Residenz adeln sollten.

Doch während die Stadt in Luxus schwelgte, versanken die Dörfer rundherum in Armut. Dass sich dieser Zustand schließlich im 18. Jh. besserte, war nicht einer umsichtigen Landesverwaltung zu

verdanken, sondern der Initiative einzelner vorausschauender Persönlichkeiten, die z. B. in Udine eine Landwirtschaftsschule gründeten, französische Rebsorten einführten und kultivierten und neues Ackerland erschlossen.

Das Ende der Luogotenenti

Die Republik Venedig sah dem chaotischen Treiben im Lande tatenlos zu und wartete wie hypnotisiert auf ihr eigenes Ende, das sie schließlich in Form von Napoleons schlagkräftigem Heer ereilte. Wobei die Franzosen im diesem Falle ihre Schlagkraft gar nicht brauchten, ergaben die tapferen Herren sich doch würde- und kampflos, verstrickt in interne Intrigenspielchen. Der letzte Doge Ludovico Manin dankte am 12. Mai 1797 ab.

Die Österreicher waren die nächsten auf der Liste des machthungrigen Korsen und schon machte er sich daran, Wien zu erobern. Dem schändlichen Einmarsch kam Kaiser Franz II. mit der demütigen Bitte um Verhandlungen voraus, die im sogenannten Frieden von Campoformido von 1797 endeten. Die vorbereitenden Verhandlungen, die eher ein Diktat des Franzosen waren, fanden in

der **Villa Manin** bei Udine statt, wo Napoleon Quartier bezogen hatte, doch behaupteten die gedemütigten Österreicher, das Abkommen sei auf halbem Wege zwischen dem kaiserlichen Aufenthaltsort Udine und dem napoleonischen Quartier in Codroipo zustande gekommen, also in Campoformido.

Mehr als 50 Jahre habsburgisch Dies aber änderte nichts am harschen Inhalt des Friedensschlusses, in dem der Habsburger-Kaiser mit den linksrheinischen Gebieten alte Kernlande opfern musste, dafür immerhin vorläufig Venetien und Friaul zugesprochen bekam. Jetzt war das Gebiet zur Abwechslung einmal österreichisch – ab 1813, und nur bis 1866, als Friaul (ohne Görz und Triest, die österreichisch blieben) Teil des Königreiches Italien wurde. Schon vorher hatte sich erstmals ein unüberhörbarer Wille zur friulanischen Unabhängigkeit entwickelt, der jedoch 1848 niedergeschlagen wurde.

Im Ersten Weltkrieg wurde Udine Sitz des Italienischen Oberkommandos und bekam in diesem Zusammenhang den etwas zweifelhaften Ehrentitel einer „Hauptstadt des Krieges". Das Ospedale di

Sant'Osvaldo im Süden der Stadt, ehemals eine psychiatrische Klinik, wurde zum Militärspital mit Tausenden Verletzten umfunktioniert, gleich daneben richtete man ein riesiges Waffen- und Sprengstoffdepot ein. Am 27. August 1917 erschütterte eine gewaltige Explosion die Stadt. Das gesamte Depot war in die Luft geflogen, wohl deshalb, weil die notwendigen Vorsichtsmaßnahmen zu lax gehandhabt worden waren. Unzählige Tote und ein verwüsteter Bezirk waren die Folge. Die Katastrophe ging als „Polveriera di Sant'Osvaldo" in die Geschichte ein.

Nach dem Krieg wurde Udine wurde zur Hauptstadt einer riesigen Provinz Friaul, die die heutigen Provinzen Görz, Pordenone und Udine einschloss.

Der Zweite Weltkrieg, der am 8. September 1943 für Italien mit einer Kapitulation gegenüber den alliierten Streitkräften endete, bescherte Udine von 1943 bis 1945 eine harte Zeit unter deutscher Wehrmachtsbesatzung.

1963 wurde die Region Friaul-Julisch Venetien *(Friuli-Venezia Giulia)* gegründet, deren Hauptstadt aber nicht Udine, sondern Triest wurde. Ursprünglich waren für die Region drei Provinzen vorgesehen – Görz, Triest und eine riesige Provinz Udine, die aber 1968 durch die Errichtung der Provinz Pordenone im Westen auf eine überschaubare Größe reduziert wurde.

Und die Stadt Udine selbst? Sie ist zwar nicht Regionshauptstadt geworden, aber doch Hauptstadt der zentralen und immer noch großen Provinz Udine, zu der der gesamte Norden des Landes mit dem Tarvisiano und der Carnia und der Süden bis Aquileia gehören. Sie ist durch ihre Größe und zentrale Lage auch Sitz zahlreicher wichtiger Verwaltungszentren, die Aufgaben für das gesamte Friaul abwickeln, ist Universitätsstadt und größtes Wirtschafts- und Einkaufszentrum der Friulaner Ebene. Dass nicht Udine die Hauptstadt ist, sondern das ferne, so andersartige Triest, mag wie ein Stachel im Fleisch der Udineser sitzen – doch dem Selbstbewusstsein der jungen, pulsierenden Stadt tut dies letztendlich keinen Abbruch.

Ein *giro* auf den Spuren der Geschichte

Udines prächtige Palazzi und Arkadengänge geben eine atmosphärische und besonders „italienische" Kulisse für die beliebten Kurzbesuche ab, auch wenn in deren Fokus hauptsächlich chice Schuhe oder trendige Handtaschen stehen sollten. Doch Vorsicht: Ein wenig mehr über das geschichtsträchtige Umfeld zu wissen, kann die Freude am Bummeln in der sympathischen Stadt beträchtlich steigern! Denn plötzlich weiß man, warum man auf der Piazza Libertà immer so an Venedig erinnert wird oder warum eigentlich die romantische Kirche auf der Piazza Matteotti einen Balkon hat. Oder dass auf der Piazza I° Maggio, die heute einen idealen Ausgangspunkt für Stadteroberungen darstellt, einst ein Seemonster lauerte … Wir starten also in einen *giro*, einen Rundgang, der uns mehr über diese Stadt erfahren lässt:

A. Im Herzen der Stadt

Idealerweise finden Sie genau dort, wo einst ein kleiner See lag, für Ihr Auto einen – gebührenpflichtigen – Parkplatz. Die Udineser nennen den großen, grünen Platz **Giardin Grande** oder auf Furlanisch Zardin Grant, auch wenn man ihm zum Ende des Zweiten Weltkrieges die Allerweltsbezeichnung „1.-Mai-Platz" verpasst hat. Und als Garten wird er nicht zu Unrecht bezeichnet, denn er misst, den angrenzenden Park **Loris Fortuna** mitgerechnet, circa 20 000 Quadratmeter und präsentiert sich nicht nur mit einer ellipsenförmigen Parkanlage voller Plantanen, Kastanienbäume und einem Springbrunnen in seiner Mitte, sondern auch rundherum grün und einladend. Giovanni Boccaccio war von dem Park so begeistert, dass er ihn in seiner berühmten Novellensammlung „Decamerone" als einer der schönsten Gärten, den man jemals zu Gesicht bekommen könnte, gewürdigt hat.

Das Seemonster der Piazza I° Maggio

Eine Sage erzählt von einem Seemonster, das im Zardin Grant sein Unwesen getrieben hat. Doch wie kommt ein Seemonster dorthin? Schlummerte es etwa im Springbrunnen? Wer heute da steht, glaubt es kaum – der weitläufige Platz war in der Antike ein kleiner See. Er wurde von der Roggia di Palma gespeist und jeder, der vom Castello auf die andere Seite wollte, musst sich eines Bootes bedienen, um trockenen Fußes dorthin zu gelangen. Kein Wunder, dass die Fantasie den mittelalterlichen und des Schwimmens nicht mächtigen Seeüberquerern ein gruseliges Gerücht einflüsterte: Es erzählte von einem schaurigen Ungeheuer, das in den Tiefen des Gewässers lauerte. Nach und nach wurde die Wasserfläche trockengelegt, bis aus dem See schlussendlich ein blühender Garten geworden war. Die große, freie Fläche lud natürlich ein, hier Riesenspektakel abzuhalten: Nach 1780 wurden im Sog des großen Lorenzimarktes am 10. August aufsehenerregende Pferderennen abgehalten – mehrere Tage dauerte das Fest, bis es schließlich am 15. August mit der beliebten öffentlichen Tombola seinen Höhepunkt erreichte.

In den 1970er-Jahren startete man den Versuch, ein mittelalterliches Pferdeturnier im Stile eines Palio wie in Siena einzuführen, im Zuge dessen sich zehn Udineser Parteien einen heißen Wettkampf um den Sieg lieferten – allerdings nur zwei Jahre lang. Aber auch ohne Palio sah der Zardin Grant so einiges, was die Massen in Bewegung setzte: buntes Treiben zwischen Marktständen, riesige Zelte der Wanderzirkusse, Rad- und Motorsportveranstaltungen, Militärparaden und für die beiden Papstbesuche (Paul VI. und Johannes Paul II. waren hier!) war der Große Garten gerade groß genug.

Doch was ist aus dem Seeungeheuer geworden? Im Brunnen schwimmt es jedenfalls nicht mehr ... Man munkelt, dass eine seiner Rippen in der angrenzenden Basilica Madonna delle Grazie bis heute aufbewahrt wird.

Nach wie vor findet hier rund um den 25. November, dem Tag der heiligen Katharina, ein traditioneller Markt statt, der aus dem 13. Jh. stammt und der wahrscheinlich älteste Italiens ist. Früher kamen die Bauern aus der Umgebung auf den Platz, um ihre Produkte anzubieten und sich im Gegenzug für den langen Winter einzudecken. Noch heute sagt man, dass alles, was man am Katharinenmarkt ersteht, einen ganz besonderen Stellenwert hat – egal, ob Schal, Keramikhäferl oder bunte Zuckerwatte am Stiel.

Auch am Rande des großen Platzes gibt es so einiges zu entdecken, wie etwa die **Chiesa Madonna delle Grazie** (auch: Santuario della Beata Vergine delle Grazie) gegenüber dem Schlossberg. Auch als Standort für Bildungsinstitute und Schulen erschien der Platz den Stadtplanern und Gründern als der richtige Ort, so hat sich im Südosten das staatliche **Konservatorium Jacopo Tomadini** angesiedelt, im Osten, in erhabener Position, das **Liceo Classico Jacopo Stellini** und im Norden beim Viale della Vittoria das **Liceo Artistico Giovanni Sello**, das sich die Kunsterziehung an die Fahnen geheftet hat.

Porta Manin

Durch die Porta Manin hinein ins Zentrum

Doch jetzt führt uns der Weg vom südlichen Ende des Platzes direkt ins Herz der Stadt, nämlich durch das Stadttor **Porta Manin** mit dem Turm San Bartolomeo. Dieses Tor war seit dem 13. Jh. Bestandteil der dritten Stadtmauer Udines, sein

Piazza I Maggio

heutiges Erscheinungsbild ist allerdings nicht mehr original, was sich unschwer erkennen lässt – die schmucke Glasloggia war zur Zeit seiner Errichtung wohl noch außerhalb jedes architektonischen Vorstellungsvermögens.

So wie die Porta heißt auch die anschließende Straße **Via Daniele Manin**, in Erinnerung an das Geschlecht, das auch den letzten Dogen Venedigs stellte und dem Friaul u. a. die geschichtsträchtige Villa Manin vor den Toren Udines, in Codroipo, zu verdanken hat. Hier befindet sich gleich hinter dem Tor ein sehenswerter Palazzo ganz in Stile der venezianischen Frührenaissance aus dem 16. Jh., nämlich der **Palazzo Mantica**, heute frisch renovierter Sitz der Philologischen Gesellschaft Friauls. Diese Straße ist außerdem eine beliebte Einkaufs- und Einkehrstraße, wo man gleich zu Beginn auf der rechten Straßenseite tolle Accessoires (Rosa dei Venti) findet und ein paar Häuser weiter bei A.C.E.R. süße Mitbringsel, Spirituosen und Wein einkaufen kann. Das geschichtliche Gewicht dieser Straße belegen die alten Osterias wie das „Ai Piombi", die „Osteria Nr. 8" und das nunmehr innen renovierte „Ristorante Pizzeria Manin".

Venedig in Udine: Die Piazza Libertà

Die Via Daniele Manin bringt uns über die Via Vittorio Veneto mit dem traditionsreichen Caffè Cotterli an der Ecke direkt zu dem Vorzeigeplatz der Stadt: **Piazza Libertà**. Von ihm sagt man, er sei der venezianischste außerhalb Venedigs – und wirklich hat die Serenissima, unter deren Regentschaft Udine 380 Jahre lang stand, hier unverkennbar beim Entwurf Regie geführt: die **Loggia del Lionello** mit der weiß-rosa gestreiften Fassade und den zarten Bögen der Arkaden und Fenster, der **Torre dell'Orologio**, der Uhrturm, den sogar ein Markuslöwe ziert – dieses Ensemble könnte auch in Venedig stehen.

Der Eindruck, den der Platz an einem normalen Arbeitstag erweckt, mag von der Betriebsamkeit her enttäuschend sein – für Cafés und Geschäfte ist an umittelbarer Stelle kein Platz. Doch die Piazza kann auch anders. Wenn es etwas richtig zu feiern gibt, wie etwa den Aufstieg in den Fußballhimmel der Champions League durch den heimischen Udinese Calcio, dann bietet die Loggia eine ideale Bühne und der Platz wird zum brodelnden Hexenkessel, in dem gefeiert wird, bis den hier residierenden Giganten Herkules und Kakus die steinernen Köpfe dröhnen.

Als Versammlungsort fungierte er schon im Mittelalter und er war darüber hinaus Marktplatz – wohl auch für Wein, denn „Piazza del Vino" ist neben der Bezeichnung „Piazza del Comun" einer seine alten Bezeichnungen. Erst seit 1530 sieht die Piazza so aus wie heute. Ein schweres Erdbeben – keine Seltenheit im Friaul und durchaus keine Erscheinung der historischen Vergangenheit, wie uns 1976 die Katastrophe im Kanaltal schmerzlich bewiesen hat – hatte 1511 große Verwüstungen angerichtet und auch den Vorzeigeplatz Udines schwer in Mitleidenschaft gezogen.

Die Stadtväter, zu jenen Zeiten in Venedigs Diensten, machten sich also an die Wiederherstellung. Mit dem **Torre dell'Orologio** begann die Neugestaltung. Er ersetzte einen mittelalterlichen Turm der Stadtmauer und präsentiert an seiner Front stolz den Markuslöwen, der ursprünglich sogar vergoldet und ein deutlicher Hinweis darauf war, wer in Udine das Sagen hatte. Vor dem blauen Himmel der Stadt macht sich das himmelblaue Ziffernblatt der Turmuhr äußerst dekorativ, und wenn die Sonne einmal nicht scheint, so strahlt immer noch die goldene Sonne im Zentrum des schönen Zeitmessers. Die Glocke hängt ungeschützt am Dach des Turms, wo sie von zwei dunkelhäutigen Gesellen zeitgerecht zum Ertönen gebracht wird. Der Turm scheint aus der luftigen Loggia di San Giovanni emporzuwachsen, aus der sich die Kuppel der **Cappella di San Giovanni** erhebt, heute eine Gedenkstätte für Gefallene.

Die elegante venezianische **Loggia del Lionello** gegenüber bildet das Gegengewicht dazu – sie ist das älteste Monument am Platz, ihr Bau wurde 1448 begonnen. Dieser Palazzo Comunale (ehemaliges Rathaus) gilt als Meisterwerk venezianischer Gotik und ist einen genaueren Blick wert.

Loggia del Lionello: Ein Schmuckstück vom Goldschmied

Vielleicht liegt der Grund für die Filigranität des Bauwerkes darin, dass es ein Goldschmied entworfen hat? Nicolò Lionello hieß der gute Mann, dem Udine dieses Schmuckstück zu verdanken hat, und so lautet auch der offizielle Name des prächtigen Palazzos. Lionello stammte aus der Stadt und war Architekt, vor allem aber mit Leib und Seele Goldschmied, mit einer Werkstätte in der Via Mercatovecchio – und er hatte schon für einige Kirchen und Klöster kostbare Goldschmiedearbeiten geliefert. Sein Entwurf fand nach langwierigen Diskussionen die Zustimmung der Stadtväter und so wurde dieser unter der Leitung eines Udineser Baumeisters namens Bartolomeo delle Cisterne in die Realität umgesetzt.

Der Palazzo ist nicht mehr zur Gänze im Original erhalten, so sind beispielsweise die Treppen an der Schmalseite jüngeren Datums, nach einem verheerenden Brand 1876 wurde er nach seinem ursprüng-

Torre dell'Orologio

Herkules

Piazza Libertà

lichen Vorbild sehr einfühlsam wieder aufgebaut. In der Loggia mit dem hochglänzenden Marmorboden führt ein Marmorportal nach einem Entwurf von Palladio in die Innensäle, Kunstwerke, darunter die Kopie von Pordenones „Madonna mit Kind" auf der rechten Seite (das Original wurde beim Brand beschädigt und hängt im Schlossmuseum), schmücken die Wand. Die weite, spiegelnde Fläche der Loggia ziert einzig ein kunstvoll geschmiedeter eiserner Kasten, der meteorologische Instrumente aus dem Labor des Udineser Erfinders **Arturo Malignani** (siehe S. 59) birgt.

An den Schmalseiten der Piazza, die von den Udinesern auch Piazza Contarena genannt wird, setzten die Stadtplaner ebenfalls markante Blickfänge: im Süden ein Brunnen vom großen Giovanni da Udine, von dessen Werk man etwas respektlos behaupten könnte, es erinnere an eine mehrstöckige Hochzeitstorte. Und im Norden steht das sogenannte Friedensdenkmal, das von Napoleon in Auftrag gegeben wurde und in dessen Rücken schon der Aufstieg zum Schlossberg beginnt. Garniert wird das geschlossene Ensemble des Platzes mit zwei Monumentalsäulen, deren rechte das stolze Markenzeichen der Venezianer trägt, den Markuslöwen, die andere, erst nach 1600 errichtet, eine Statue der Gerechtigkeit. Zusammen mit dem besonders eindrucksvollen geflügelten Raubtier auf dem Arco Bollani, das den Eingang zum Schlossberg bewacht, und dem Löwen vom Uhrturm ergibt das ein Rudel von drei imposanten Löwen, die die einstige Macht Venedigs hier eindrucksvoll demonstrieren.

Starke Männer aus dem Hause des Unholds
Blieben noch die beiden steinernen Mannsbilder zu bewundern, die mit Muskeln und Keule bepackt den Platz bewachen: es sind Herkules und Kakus – Letzterem ist irgendwann im Laufe der Geschichte seine Keule abhanden gekommen –, zwei Barockstatuen aus der Werkstätte eines gewissen Angelo de Putti. Die beiden Riesen behüteten einst einen Udineser Palast, der mitten auf Piazza XX Settembre stand. Sein Besitzer war Lucio della Torre, ein Adeliger aus Fagnagna von übelstem Ruf, der noch dazu hinter jedem Rockzipfel her war und schließlich wegen angeblicher Verwicklung in

einen Frauenmord selbst einen Kopf kürzer gemacht wurde. Nicht nur der Übeltäter selbst, auch sein Palast war den Stadtvätern ein Dorn im Auge, und er wurde bei dieser Gelegenheit dem Erdboden gleich gemacht. Nur die beiden steineren Riesen, die auch die Namen Floreàn und Venturìn tragen, halten die Erinnerung an den Bösewicht und seine strenge Strafe aufrecht.

Ein Platz, viele Denkmäler. Jetzt muss man sich entscheiden: durch den Arco Bollani hinauf auf den Schlossberg, zur schönen Aussicht und vielleicht sogar ins Museum zu altehrwürdigen Künsten und Künstlern? Oder hinein ins Stadtleben, zu Palazzi, Märkten, Shops und Cafés?

Wer sich für die Innenstadt entscheidet, gelangt gleich hinter der Loggia zum **Palazzo d'Aronco** mit seinen Jugendstilelementen aus der Zeit 1911–1925, der nach seinem Erbauer benannt ist und als Rathaus fungiert. Eine kleine Einkehr in das sehenswerte **Caffè Contarena** bietet nach so viel Kultur eine willkommene Abwechslung. Zwar sicher nicht der günstigste und nach Urteil der Einheimischen auch nicht der beste Kaffee der Stadt, ist das Lokal, das im eleganten Jugendstil mit Silber- und Mosaikverzierungen ausgestattet wurde, gleichwohl selbst eine Sehenswürdigkeit (siehe S. 121).

1910 wurde mit dem Bau des Palazzo d'Aronco oder Palazzo Municipale begonnen – eine Reihe von Gebäuden fielen dem Vorhaben zum Opfer, um in der geschäftigen Via Rialto Platz für das kühne Vorhaben zu schaffen, sehr zum Missfallen der Einwohner. Jahrzehnte später wiederholte sich der Vorgang an der anderen Seite des Platzes vis-à-vis des Caffè Contarena, wo der Palast, in

Palazzo d'Aronco

dem das beliebte Kino Centrale, von den Udinesern auch Eden genannt, der Spitzhacke zum Opfer fiel und ein modernes Gebäude aus Beton und Glas entstand, in dem das Kaufhaus Upim Quartier bezog. Mittlerweile ist auch dieses schon in die Jahre gekommen und sein Ende angeblich nahe.

Casa Cavazzini – Museum der modernen und zeitgenössischen Kunst

Einen besonderen Leckerbissen für Freunde der zeitgenössischen Kunst gibt seit Kurzem in der Via Cavour nahe dem Palazzo d'Aronco und dem Caffè Contarena – ein weiterer guter Grund für einen Udinebesuch: Die frisch renovierte Casa Cavazzini beherbergt jetzt die etwa 4000 Werke, die bis dato im „Palamostre" an der Adresse Piazzale Paolo Diacono/Via Ampezzo untergebracht waren. Ob wohl der etwas abgelegene Standort dran schuld war, dass dieses Juwel einer modernen Galerie von Besuchern eher stiefmütterlich behandelt worden war? Jetzt ist ein Besuch einfach geworden – und allein der renovierte Palazzo eine nähere Betrachtung wert: Die Casa Cavazzini aus dem 16. Jh., ein Geschenk des Kaufmannes Dante Cavazzini an die Stadt, wurde 2012 nach der einschneidenden Renovierung durch den Architekten Gae Aulenti ihrer neuen Bestimmung übergeben. Modern, hell und funktionell im Innern, blieb die historische Schale erhalten. Zwar scheint der Übergang von Alt auf Neu so manchem Udineser ziemlich kompromisslos, doch ohne Zweifel bietet es unter hellen Lichtkuppeln und weißen Gewölben auf 3500 Quadratmetern eine beeindruckende Kulisse für die zeitgenössische Kunst. Im Zuge der Restaurierung wurden auch bis dahin unentdeckte antike Schätze wie Mauerwerk, Fresken und Töpfereien gefunden, die, nun ebenfalls restauriert, gewissermaßen ein „Museum im Museum" bilden. Der erste und zweite Stock sind der ständigen Ausstellung der Sammlungen des Vorgängermuseums gewidmet, deren wertvollste Kollektionen jene von Astaldi, FRIAM und die Werke der Brüder Basaldella sind. Die Astaldi-Sammlung umfasst allein 193 Werke wichtiger italienischer Künstler wie Severini, De Pisis, Carrà, Morandi, Sironi, Martini, Santomaso, De Chirico und Savino. 1982 machten Maria Luisa and Sante Astaldi ihre Kollektion den Udinesern zum Geschenk. Die Brüder Basaldella und Corrado Cagli schufen hier 1938 im damaligen Privathaus von Cavazzini (Bad, Küche und Speiseraum sind noch erhalten) einen Zyklus von Wandgemälden, der ebenfalls in neuer Frische erstrahlt. Die Kollektion FRIAM umfasst 113 Werke zeitgenössischer amerikanischer Kunst mit Werken von Willem De Kooning, Carl Andre und Frank Stella, die von den Künstlern als Zeichen der Solidarität mit den Opfern des Erdbebens von 1976 gespendet wurden. Nicht alle wichtigen Exponate finden gleichzeitig Platz, deshalb werden manche Werke rotierend ausgestellt.

Casa Cavazzini
Museo d'Arte Moderna e Contemporanea
Via Cavour 14
33100 Udine
www.udinecultura.it
Öffnungszeiten: Täglich, außer Dienstag, 1. Oktober bis 30. April 10.30–17 Uhr und 1. Mai bis 30. September 10.30–19 Uhr, Ticketverkauf bis eine halbe Stunde vor Schluss. Vollpreis Erwachsener € 5, FVG Card akzeptiert.

Via Mercatovecchio: Ein Graben macht Karriere

Jetzt geht es Richtung Geschäftsviertel und damit auf die Via Mercatovecchio, die sich als die eigentliche Hauptstraße um den Schlossberg schlängelt. Ein Blick zurück in die Geschichte erklärt auch, warum im historischen Stadtinnersten, wo stets Platznot angesagt war und ist, eine so breite Straße entstehen konnte: Einst befand sich hier ein 40 Meter breiter Graben, der die ursprüngliche kleine Siedlung schützte – der innerste, älteste Verteidigungsring der mittelalterlichen Stadt. Die Siedlung wuchs und der Graben wurde zugeschüttet. Dafür entstand in der Folge eine breite Straße, auf der auch der Markt abgehalten wurde, daher auch der Straßenname. Doch die Stadt wuchs weiter und der Markt wanderte jetzt zur Piazza Matteotti, der im Unterschied zum Mercato Vecchio auch Mercato Nuovo genannt wurde. Die Befestigungsanlagen wurden natürlich ebenso weiter verlagert, von denen der Kanal, der über weite Strecken unterirdisch verläuft, z. B. bei der Via Antonio Zanon, noch heute zeugt: Hier zaubert er nicht nur eine ganz

Casa Cavazzini

Via Mercatovecchio

besondere Atmosphäre, sondern markiert auch die Ausdehnung der Stadt im 13. Jh.

Doch bleiben wir noch bei der Via Mercatovecchio: Hier bezog der Adel sein Quartier und wichtige Institutionen wie Münzprägung und Staatskanzlei richteten sich in den prächtigen Palazzi ein. Ursprünglich dominierte die Gotik die Fassaden der Häuser, mit den Zerstörungen durch das Erdbeben und darauffolgenden Renovierungen ging dieser Stil jedoch weitgehend verloren. Ein markantes Gebäude fällt besonders in der schönen Arkadenstraße auf, auch wenn heute jede Menge kommerzieller Versuchungen in Form verlockender Auslagen um die Aufmerksamkeit des Spaziergängers buhlen: Es ist der hellgelbe **Palazzo del Monte di Pietà**, jetzt Sitz der Cassa di Risparmio, der Sparkasse. Um Geld ging es hier immer schon, war es doch einst das Pfandleihhaus, gleichzeitig wird aber dem Himmel reichlich Reverenz erwiesen. Alle vier Ecken werden von Pietà-Skulpturen geschmückt und das Zentrum ist gar mit einer schmucken Barockkapelle namens **Cappella del Monte di Pietà** mit Fresken von Giulio Quaglio ausgestattet.

Barockes von Quaglio

Udine hat in Sachen barocke Malerei nicht nur eine Vielzahl von Werken des berühmten Venezianers Giovanni Battista Tiepolo aufzuweisen. Auch Giulio Quaglio der Jüngere (1668–1751) hat Udine so einiges an bemerkenswerten Hinterlassenschaften gebracht – wie die Fresken in der Cappella del Monte di Pietà, die er mit dem Jahr 1694 datierte. Er stammte vom Comosee aus der Familie der Quaglios, aus der zahlreiche Maler und Architekten hervorgingen. Seine berühmtesten Werke schuf er zwar in der Kathedrale von Laibach, doch nahm er auch in Udine eine ganze Reihe von Aufträgen in den Palästen der Adeligen an, z. B. im Palazzo Attimis-Maniago, im Palazzo Strassoldo in der Via Vittorio Veneto und im prächtigen Palazzo Antonini-Belgrado an der Piazza del Patriarcato, der heute Verwaltungssitz der Provinz Udine ist. Seine Auftraggeber waren aber nicht nur weltliche Herren, die

> Kirche fand ebenso Gefallen an seiner Kunst. So findet
> sich in der Kirche Santa Chiara in der Via Gemona im
> alten Stadtviertel Borgo Gemona seine Handschrift.

Die Via Mercatovecchio endet schließlich bei der Piazza Marconi,
wo der **Palazzo Bartolini** mit dem Wappen an der Fassade die
wichtigste Bibliothek Friauls, und zwar deren Hauptsitz beherbergt:
die **Biblioteca Civica „Vincenzo Joppi"** (mit acht weiteren Stand-
orten in der Stadt!) archiviert 500 000 Bände.

Wenn man nach links die dann bald etwas abfallende Straße
weitergeht, beginnt schon das Universitätsviertel – ein Viertel, das
bei Tagesbesuchern weitestgehend unbekannt ist. Mit seinen traditionellen und oft originellen Kneipen und dem ganz besonderen
Ambiente ist es jedoch absolut sehenswert! Doch dazu später,
noch bleiben wir im Bereich der „Hauptstraße": Die schmalen
Gässchen wie die Via Mercerie und die Via del Monte, die von der
breiten Arkadenstraße abgehen, haben einen eigenen Zauber. Hier
finden sich hübsche, kleine Geschäfte, Cafés und Bars, an denen
sich mittags und abends die Menschen bis auf die Straße hinaus
drängeln – jeder ein Gläschen in der Hand und ein Schwätzchen
auf den Lippen. Das ist Italien pur.

Piazza Matteotti: Ein Lieblingsort mit vielen Namen

Folgt man einer dieser beiden Gassen, so landet man auf der **Piazza
Matteotti** und ist damit bei einem weiteren „Must" Udines ange-
langt. Der Platz wird wegen seiner Kirche auch Piazza San Giacomo
genannt, Touristiker nennen ihn „Salon unter freiem Himmel", was
angesichts seiner quadratischen Form und der hübschen geschlos-
senen Häuserfassade, die ihn begrenzt, durchaus nachvollziehbar
ist. Salon, Wohnzimmer, Markt oder Kinderspielplatz – die Udineser
lieben diesen eleganten Platz jedenfalls und mit seinen vielen Cafés
rundherum gibt es genug Gründe, hier ganz relaxt zu verweilen.

Die Brunnen des Giovanni da Udine

> Der famose Giovanni da Udine hat hier seine Handschrift,
> wie schon auf der Piazza Libertà, in Form eines Brunnens

Piazza Matteotti

oder Piazza San Giacomo

hinterlassen, der sich diesmal im Zentrum des Platzes präsentieren darf und hier auch nicht einer Festtagstorte, sondern eher einem monumentalen Kelch ähnelt. Beide Brunnen sind Endpunkte eines Aquädukts, das die zwei unterirdisch quer durch die Stadt verbindet. Der etwas kleinere auf der Piazza Matteotti übt allerdings erst seit 1607 diese Funktion aus, vorher musste er sein Dasein als einfaches Bassin am Rande des Platzes fristen. Nun ist er in den Mittelpunkt gerückt und hat die ursprüngliche Zisterne verdrängt, die heute als reiner Zierrat am kleinen Platz neben der Kirche – übrigens dem ehemaligen Gerichtsplatz – steht, und weil diese Zisterne angeblich einer Laterne ähnelt, den stolzen Namen „Laterne des Diogenes" trägt.

Hier könnte man sich jetzt ein wenig Erholung gönnen und sich im beliebten Caffè Ottelio gleich bei der Kirche niederlassen, auf einen Aperol Spritz vielleicht oder doch noch einen Kaffee, und seinen Blick über den Platz schweifen lassen … oder die Namen zählen, die dieser einladende Ort trägt oder getragen hat, als da wären: Mercato Nuovo, Piazza delle Erbe wegen des Grünmarktes, Piazza San Giacomo, wie ihn die Einheimischen am liebsten nennen, oder eben Piazza Matteotti. Er hat eben schon so einiges gesehen in seiner Geschichte, war einst Schauplatz des Gerichtsvollzugs, dann, als die Stadt wuchs, Marktplatz. In jüngerer Vergangenheit geriet er ziemlich in Verruf, sodass man ihn des Abends am besten mied. Doch längst ist er wieder rehabilitiert und viel geliebt, der malerische Platz.

Ein ambitionierter Statthalter ließ ihn 1486 einheitlich pflastern und verlangte von den Anrainern, ihre Hausfassaden mit Fresken zu schmücken, von denen aber leider wenig übrig geblieben ist – eines der Häuser, auf denen noch immer Spuren davon zu erkennen sind, ist das Gebäude, welches das Caffè Ottelio beherbergt.

San Giacomo: Eine Kirche mit Balkon und Jakobsmuscheln
Der auffälligste Bau ist wie immer das Gotteshaus, die Kirche San Giacomo, deren Bau 1398 von der Zunft der Pelzhändler initiiert wurde. Die venezianische Fassade entstand aber

erst viel später und wurde 1533 vollendet. Wieder findet sich hier ein hübscher Glockenturm mit dekorativer Uhr. Wer genau hinsieht, erkennt seitlich am Dach pittoreske Muschelschalen – sie weisen auf den heiligen Jakob hin, der als Schutzherr der Pilger galt – demnach hatte eine Jakobskirche auch mit Pilgermuscheln (= Jakobsmuscheln) ausgestattet zu sein! Das benachbarte Oratorium, das mit dem Kircheninneren verbunden ist, gleicht der Kirchenfassade sehr, entstand aber erst im 18. Jh.

San Giacomo hat außer Jakobsmuscheln auf dem Dach noch weitere Extravaganzen zu bieten: nämlich einen schmalen Balkon mit Altar. Dieses für Kirchen doch eher ungewöhnliche Attribut diente nicht nur der Dekoration, sondern bis ins 16. Jh. einem ganz bestimmten Zweck – nämlich als Predigtort des Pfarrers, der auf diese Weise alle auf dem Platz Anwesenden erreichte. So konnten ihn die Marktfahrer und -frauen mitsamt ihrer Kundschaft auch während ihres Handels zuhören und verpassten nichts von der verkündeten Botschaft des Herrn.

Die Muttergottes darf natürlich auf der beliebten Piazza genauso wenig fehlen, sie hat „mit dem Kind" auf der Säule vor der Kirche einen alles überragenden Platz gefunden und überblickt seit 1487 das Geschehen.

Chiesa San Giacomo

Markt oder nicht Markt, ist hier die Frage
Piazza delle erbe – Kräuterplatz hieß er wegen des hier angesiedelten Handels mit dem frischen Grünzeug. Doch wieder einmal in Udines Geschichte musste das Marktgeschehen weiterziehen – auf die Piazza XX Settembre, dessen traditioneller Marktschwerpunkt eher bei Fisch, Wurst und Käse liegt. Die Stadtregierung hat erst 2011 befunden, dass die Piazza San Giacomo vulgo Piazza Matteotti mit den vielen Läden und Cafés rundherum auch ohne Marktstände attraktiv genug ist, um weiterhin reichlich Besucher anzuziehen. Außerdem sind die alten Bodenplatten kaputt und gehören dringend restauriert. Und weiters ist der zentrale Platz äußerst gefragt, wenn es um Veranstaltungen und Feste geht. Und dies alles lässt sich nicht vereinbaren, wenn die Marktfahrer im Weg sind. Doch zum Glück gibt es nur einen Katzensprung weiter einen anderen Ort, der darauf wartet, wachgeküsst zu werden – eben die weniger beliebte und belebte Piazza XX Settembre!

Die Geschäftsleute rund die Piazza Matteotti sind gar nicht glücklich über diese Entwicklung, denn der Markt zieht Besucher an und die wiederum beleben das Umfeld. Also wollen sie ihren Markt zurückhaben – zumindest den „grünen" Markt. Darauf, meinen die Anrainer, hätten sie ein schon historisches Recht. Den frischen Fisch mit der entsprechenden Geruchsentwicklung, aber auch Wurst und Käse, könne man ja anderswohin transferieren.

Galleria Tina Modotti

Wer also in Udine auf der Suche nach Marktständen ist, dem sei angeraten, sich auf beiden Plätzen umzusehen – schließlich ist die Diskussion offensichtlich lange nicht ausgefochten.

Kneipen, Kirchen und der alte Fischmarkt Steht man vor der Chiesa San Giacomo, so wird wieder eine Entscheidung fällig: Wendet man sich nach rechts, so gelangt man in die **Via Paolo Sarpi** – eine gute Entscheidung, wenn man sich nach reichlich Kultur weltlicheren Genüssen widmen will. Hier geht's nämlich konzentriert zu einigen der besten Genussadressen der Stadt – so zum berühmten „Al Cappello", der urigen Osteria „Giardinetto", der gut sortierten Enoteca „Ars Bibendi" und der Feinschmeckereinkehr in Form eines Verkaufsgeschäftes mit Bistrot „Jolanda de Colò", um nur einige wenige zu nennen. Ganz ohne Kulturdenkmäler geht's natürlich auch auf diesem Weg nicht, führt er uns doch direkt zur Kirche **San Pietro Martire**, einst Sitz eines der wichtigsten Dominikanerkonvente in Italien. Von der ursprünglichen Bausubstanz aus 1285 sind nur noch der Glockenturm und das rechte Seitenportal übrig, alles andere entstand nach und nach in den darauffolgenden Jahrhunderten. Das Innere birgt einige Kunstschätze wie, hoch oben an der Chorwand, das letzte Gemälde des friulanischen Malers Pomponio Amalteo, das er 1578 fertigstellte, der „Tod des heiligen Petrus Martyr" oder die Deckenfresken mit dem heiligen Dominikus aus 1745 von Urbani und Baldassini. Ein ansprechendes Gebäude im Jugendstil steht gegenüber dem stets überquellenden Al Cappello: An diesem ungewöhnlichen Ort mit den bunten Fenstern und der auffälligen Dachverstrebung, dem **Mercato del Pesce**, fand bis in die 1990er-Jahre der Fischmarkt statt, mittlerweile ist hier die **Galleria Tina Modotti** eingezogen, die das besondere Ambiente als Ausstellungsraum für Fotokunst nützt.

Tina Modotti

Tina Modotti ist eine im Jahre 1896 im Borgo Pracchiuso geborene Tochter der Stadt, die im Ausland als Schauspielerin und Fotografin, aber auch als Revolutionärin bekannt wurde. Sie ging als 17-Jährige in die Vereinigten Staaten, wo sie einen kanadischen Künstler heiratete und als Film-

schauspielerin drei Filme drehte. Bald wurde sie Lieblings-
fotomodell des bekannten Fotografen Edward Weston, mit
dem sie nach Mexiko zog. Hier bewegte sich das Paar in
der postrevolutonären Boheme rund um Diego Rivera und
Frida Kahlo. Modotti wurde selbst zur erfolgreichen Fotografin, war nach der Trennung von Weston mit einem ku-
banischen Revolutionär liiert und engagierte sich politisch
für die kommunistische Partei. Nach ihrer Ausweisung aus
Mexiko kehrte sie gemeinsam mit dem italienischen Revolutionär Vittorio Vidali, den sie als ihren Mann bezeich-
nete, nach Europa zurück, wo sie für die Partei und als
Übersetzerin und Redakeurin arbeitete. Gemeinsam mit
Vidali durfte sie später wieder in Mexiko einreisen, wo sie
im Jänner 1942 an einem Herzversagen starb.

Einmal um die Ecke steht man auch schon vor Udines angesehens-
tem Restaurant – wohl gemerkt, wir sprechen nicht von einer
Osteria, sondern von einem richtig feinen Restaurant: dem Vitello
d'Oro. Beim „Goldenen Kalb" haben schon Generationen von Österreichern ihre Shopping-Mittagspause bei Fisch oder *Bollito misto
alla Udinese* und dem Kindertraum des mit *Dolci* vollgepackten
Dessertwagens verbracht, und es ist nach wie vor die erste
Adresse in der Stadt.

Udine am Canale
Die Wege von der Piazza Matteotti stadt-
auswärts Richtung Westen durch die winzigen Gässchen mit
Innenhöfen, Läden und Cafés gehören zu den charmantesten in
Udine. So gelangt man unversehens zur **Via Antonio Zanon**, wo
der hier offen zutage tretende Kanal ein ganz besonderes Flair
zaubert. Repräsentative Paläste, aber auch verlassen wirkende
Stadthäuser reihen sich aneinander, eine ganze Reihe schmaler
Brücken führt malerisch über den Kanal zu den Eingangstüren.

Die Rogge

Sechs Kanäle durchzogen im Mittelalter die Stadt, drei
davon existieren heute noch: Die Roggia di Ledra, die
Roggia di Udine und die Roggia di Palma. Seit Jahrhun-

derten bildeten diese Rogge (sprich: rodsche, bzw. rodscha) den Lebensquell der Stadt und trugen wesentlich zu ihrem Gedeihen und Aufblühen bei. Landwirtschaft, Fischer – insbesondere die Froschfänger von Grazzano –, Färber, Leinen- und Seidenwebereien, Sägewerke und Schmieden, sie alle waren entweder vom Wasser oder von den energieliefernden Mühlen abhängig, die durch die Rogge angetrieben wurden. Die Kinder funktionierten die Kanäle mit der moderaten Fließgeschwindigkeit zu Bädern um und plantschten im kühlen Nass, und für die Feuerbekämpfung war das leicht verfügbare Wasser essenziell. Erst als Industrie und Handwerk sich Ende des 19. Jhs. an die Peripherie verlagerten, verloren die Kanäle an Bedeutung und wurden in den 1950er-Jahren weitgehend überbaut.

Dem Besucher am offensichtlichsten präsentiert sich die Roggia di Udine, die ebenso wie die Roggia von Palma vom Fluss Torre gespeist wird: sie flankiert die Viale Volontari della Libertà im Norden der Stadt auch heute noch hinter dem baumbestandenden Damm mit dem Fahrradweg, fließt dann unterirdisch entlang der Via Gemona bis zum Universitätsviertel, wo sie offen zwischen winzigen Gässchen und von kleinen, überwucherten Brücken überspannt malerisch vorbeiplätschert. An der Via Antonio Zanon gibt es wieder unübersehbare Zeichen ihrer Präsenz, die viel zur entspannten Atmosphäre dieser Ecke beitragen. Über die Via Grazzano und die Via Poscolle, wo sie sich ganz kurz vor dem

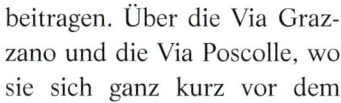

Palazzo Giacomelli, dem neuen Ethnografischen Museum, wieder zeigt, fließt sie schließlich in die Außenbezirke und in der Nähe von Mortegliano in den Fluss Cormor.

Genießerischer Seitensprung in die Via Poscolle

Auf der anderen Straßenseite führt die **Via Poscolle** stadtauswärts Richtung Piazzale XXVI Luglio. Sie ist eine Fundgrube für allerlei Lokale und Geschäfte und mit dem markanten Cinema Centrale, wo alljährlich das Fareast Filmfestival gastiert. Vis-à-vis, in der Nr. 13, hat sich die „Speziaria" zum Feinschmeckerrestaurant gemausert, seit man im ersten Stock auf kleinstem Raum, aber sehr gepflegt vom Feinsten aufkocht. Feinkost, Kunsthandwerk, Stoffe, Schuhe und noch mehr Osterias gibt es hier die Straße entlang, z. B. die toskanische „Osteria Ai Beneandanti", die sich in einem Hinterhof versteckt. Eine enge Seitengasse, die **Viale Freddo**, beherbergt einen angesagten In-Treffpunkt der Stadt, das „Fred", das sich von den traditionellen Osterias deutlich unterscheidet: Hier sitzt man chic, hier isst man chic und es geht auch recht dringend ums Sehen und Gesehen werden.

Fast wären wir jetzt abgekommen von unserem Kulturstreifzug, den wir also fortsetzen wollen: er führt uns die Via Antonio Zanon Richtung Norden, vorbei an einem Palazzo namens **Lovaria**, in dem die Denkmalschutzbehörde residiert. Wenig Feingefühl hat diese Behörde bei der Restaurierung des weitläufigen Gebäudes mit Innenhof und ehemaligen Pferdeställen walten lassen – ausgerechnet jene Behörde, welcher der Schutz solcher Monumente obliegt! Und dies führt zu einem Kapitel, das so manchem Udineser bitter aufstößt, denn wie andernorts auch ging man hier in der Vergangenheit oft nicht gerade zimperlich mit seinen Kulturschätzen um, wie es hässliche Bausünden mitten im Zentrum und inmitten prunkvoller Palazzi beweisen. Manche dieser Neu- und Umbauten wurden durch erlittene Kriegsschäden notwendig, wie in der Umgebung des Doms, andere eindrucksvolle Bauten fielen fehlgeleitetem unternehmerischem Ehrgeiz zum Opfer.

Ein trotziger Turm und ein Juwel des Spätbarocks

Weiter die Via Antonio Zanon entlang fällt auf der linken Seite ein Turm auf, der zur Stadtmauer aus dem 13. Jh. gehört und sich nicht so recht im venezianisch-städtischen Stil präsentiert, sondern eher in alpiner Wehrhaftigkeit. Es ist der **Torre di Santa Maria** oder **Porta dei Torriani**, benannt nach den ehemaligen Adelsgeschlecht der Thurn (Torre), die dahinter ihren Stadtpalast mit großem Garten hatten. Die wie angeklebt wirkende stählerne Außentreppe übersieht man am besten! Jetzt nach links abgezweigt durch die Via dei Torriani und schon steht man vor einer weiteren Sehenswürdigkeit, der **Cappella Manin**. Sie stammt aus dem 18. Jh. und wird als Juwel des Spätbarocks gepriesen. Und wieder weist der Name Manin auf die Gründer hin: Die adelige Familie ließ sich dieses Kleinod in der Nähe ihres Stadtpalastes, dem Palazzo Torriani-Manin, bauen und sparte nicht mit künstlerischer Ausstattung. Der berühmte Architekt Domenico Rossi plante die Kapelle 1735 mit einem achteckigen Rundriss und einer prunkvollen Fassade. Gewöhnlich ist die Kapelle versperrt, wer das Innere mit den steinernen Hochreliefs von Giuseppe Torretti bewundern möchte, wendet sich an den Herrn Pfarrer, der in der Via Francesco Mantica 27 (das ist sozusagen die Verlängerung der Via Antonio Zanon über die Via Giovanni Cosattini) den Schlüssel hütet und ihn zwischen 10 und 12 Uhr wochentags auch verleiht.

Piazza XX Settembre: Immer wieder neu erfunden

Wieder zurück zur Piazza Matteotti und dem Standort vor der Kirche (mit Blickrichtung zur Kirche): Begibt man sich nach links, gelangt man in die **Via Paolo Canciani**, vorbei an dem hohen Zerrspiegel, der schon seit Generationen die Passanten fasziniert – nicht nur die Kinder verzückt der eigene Anblick, wenn man sich plötzlich mit geschrumpftem Oberkörper oder mit meterlang gezogenem Hals wiedererkennt.

Cappella Manin

Über die Kreuzung Via Poscolle und Via Cavour geht's geradeaus weiter zum ausladenden Platz, von dem weiter oben schon die Rede war – nämlich zum einstigen Standort des geschleiften Prunkpalastes von dem adeligen Bösewicht della Torre und viel diskutierten derzeitigen Marktstandort. Die **Piazza XX Settembre** wirkt riesig und offen. Die Dichte von Geschäften und Cafés und die sympathische Wohnzimmeratmosphäre der Piazza Matteotti fehlt ihr allerdings, und auch einige gesichtslose Bauten aus jüngerer Geschichte an den Seiten beeinträchtigen ihr Erscheinungsbild. Der alte Name, Mercato dei Grani, weist jedenfalls darauf hin, dass der Platz nicht zum ersten Mal Markttreiben sieht: früher wurden hier Getreide, aber auch Fisch und Geflügel gehandelt.

Markt auf der Piazza XX Settembre

Aktuell hat die Stadt folgende Einteilung vorgesehen: Montag Bauernmarkt, Dienstag, Donnerstag, Freitag und Samstag traditioneller Markt (was bedeutet, dass es alles gibt – von Kleidern und Büchern bis zu Fisch und Honig) und am Mittwoch ein Trödelmarkt.

Dem historischen Markttreiben setzte die Familie della Torre ein Ende, indem sie das Gelände kaufte und darauf ihren Stadtpalast errichtete – allerdings nur bis zum schmählichen Ende des Grafen Lucio della Torre. Seine Hinrichtung im Jahre 1717 nahmen die Stadtväter zum Anlass, den ursprünglichen Zustand wiederherzu-

stellen, und so ebneten sie den Palast einfach ein. Nur die beiden steinernen Riesen Herkules und Kakus durften auf die Piazza Libertà übersiedeln und bekamen fortan andere Beobachtungsposten.

Ein venezianischer Palast auf Wanderschaft Der Platz wurde also wieder zu dem, was er einmal war – zu einem freien Raum. Der Gestaltungswille der Udineser war ungebrochen: Eines der auffälligsten Gebäude, die **Casa Venezia** mit der gotischen, bis auf die Fenstergruppen glatten Fassade, wurde 1929 kurzerhand von der Via Rialto hierher versetzt. Ein weiteres eindrucksvolles Gebäude am Platz ist der **Palazzo Antivari-Kechler**, dessen Fassade als einer schönsten klassizistischen der Stadt gerühmt wird. Auch die erste Adresse für gediegenes Übernachten, genauso wie für gepflegtes Speisen, findet sich gleich angrenzend: das **Hotel Astoria Italia** empfängt seine Gäste meist mit einer dekorativen Flaggenparade – zentraler kann man kaum wohnen!

Weiter geht es zum Dom, den man entweder über die **Via Bonaldo Stringher** (beim Café Zecchini vorbei) erreicht, dafür aber nach einigen weniger erhebenden Eindrücken vom Anblick einer historischen Osteria in einem ebenso historischen Gebäude belohnt wird: die Rede ist von der „Osteria Grappolo d'Oro", in der sich meist ein paar ältere Herren bei ihrem Tajut die Zeit vertreiben.

Die andere Variante wäre, sich zum **Corte Savorgnan** zu begeben (eine belebte Geschäftspassage mit tiefer liegendem Eingang links vom venezianischen Palazzo) und dann weiter über die Via Savorgnana hinein in den Innenhof des prachtvollen **Palazzo Morpurgo** zu spazieren. Dieses wichtige Gebäude, heute Eigentum der Stadt und Sitz der **Gallerie del Progetto**, hat schon bedeutende Persönlichkeiten wie den udinesischen Metereologen Girolamo Venerio und den König von Neapel und Napoleon-Bruder, Giuseppe Bonaparte, beherbergt. Der Innenhof, oder besser gesagt Garten, überrascht, denn er wird von einer hohen Galerie überspannt, verziert von acht kleinen, allegorischen Figuren. Auf der anderen Seite steht man dann schon am Domplatz.

Gallerie del Progetto

Der Palazzo Morpurgo in der Via Savorgnana ist nicht nur Präsentationsort für aktuelle Ausstellungen, sondern beherbergt auch eine ständige Galerie: Sie hat Architektur und Design zum Thema und bezieht ihre Exponate aus den Archiven berühmter Architekten wie Raimondo D'Aronco, der den Palazzo del Comune gebaut hat, Marcello D'Olivo, Pietro Zanini, Ottorino Aloisio und Angelo Masieri. Auch Industriedesign kommt hier mit Beiträgen aus dem Archiv von Electrolux Zanussi zur Sprache.

Der elegante Palazzo Morpurgo stammt aus dem 17. Jh. und besticht nicht nur mit seinem schönen Innenhof mit der Loggia, sondern auch mit sehenswerten Fresken im Piano nobile des Palastes: Die damaligen Besitzer, die Valvason, gaben 1805 den Auftrag an die beiden Künstler Giambattista Canal und Giuseppe Borsato, ihn künstlerisch auszustatten – was die beiden unter anderem mit einem besonders wertvollen Freskenzyklus im neoklassizistischen Stil gelang! 1871 erwarb dann der Bankier Abramo Morpurgo, dessen Sohn Elio es bis zum Senator und Bürgermeister von Udine brachte, das herrliche Anwesen. Die Familie wurde Opfer der Judenverfolgung im Zweiten Weltkrieg. Die Erben überließen schließlich 1969 den Bau der Stadt Udine, mit der Auflage, ihn als Museum zu nützen. Mit der tragischen Hintergrundgeschichte der jüdischen Familie wird auch die Themenwahl der Ausstellungen na-

heliegend. Im Winter 2012 etwa organisierte das „Anne Frank Haus Amsterdam" eine berührende Anne-Frank-Ausstellung.

Via Savorgnana 12
www.udinecultura.it
Geöffnet Dienstag–Sonntag 15–18 Uhr, Montag Ruhetag.

Der Dom: Ein Bau mit Hindernissen

Die Domkirche Udines, die **Cattedrale di Santa Maria Annunziata** (Mariä Verkündigung), ist ein massiges Bauwerk, dessen Ästethik nicht nur bei Kunsthistorikern leichte Zweifel weckt. So einiges ist da anders gelaufen als ursprünglich geplant und im Laufe der Zeit wenig einfühlsam dazugefügt oder verändert worden. Seine Errichtung war beschlossen worden, als der Patriarch Berthold von Andechs von Cividale nach Udine übersiedelte und es zu seiner neuen Residenz erklärte. Natürlich brauchte er dazu ein adäquates Gotteshaus, dessen Bau er 1236 initiierte und dem heiligen Oderich widmete. Das Gebäude wurde später erweitert und 1335 vom legendären Bertrand de Saint-Geniès zur Kirche Santa Maria Maggiore geweiht. Immer wieder wurde der Dom umgebaut, verlängert und erweitert. Das Erdbeben 1348 fügte ihm schwere Schäden zu, und so musste er restauriert werden – allerdings erst zwanzig Jahre später durch den venezianischen Architekten Pierpaolo dalle Masegne. 1735 schließlich wurde die Kathedrale, nach weiteren maßgeblichen Umbauten von Domenico Rossi, durch den Patriarchen Daniele Delfino mit dem neuen Namen Santa Maria Annunziata eingeweiht.

Das Vordach des Hauptportals erregt das Missfallen der Kunsthistoriker, die es als falsche Rekonstruktion einschätzen – es wurde erst 1926 angefügt, als die Fassade einer nachhaltigen Renovierung unterzogen wurde. Ebenso wenig eine ästhetische Offenbarung ist der Glockenturm, der behäbig über dem achteckigen Baptisterium thront. So wie er dasteht, war er nicht geplant – er ist wegen statischer Probleme unvollendet geblieben und hat niemals die Madonnenstatue an seiner Spitze erhalten, die es an Glanz und Größe dem Engel auf dem Castello gleichtun sollte.

Sogar in jüngerer Zeit hat man über eine Vollendung des Turms mittels moderner Bautechniken nachgedacht, schließlich aber doch lieber alles bei seiner rudimentären Form belassen.

Im Dominneren zeigt sich der Chorbereich in üppiger barocker und detailverliebter Ausgestaltung, dafür ist dem Licht wenig Aufmerksamkeit geschenkt, nur spärlich und strategisch ungünstig dringt es herein. Einige Kunstwerke, denen man besondere Aufmerksamkeit schenken sollte, finden sich hier aber allemal – vor allem jene Giovanni Battista Tiepolos sind eine nähere Betrachtung wert, rühmt sich doch Udine als die Stadt Tiepolos. Die Bilder rechts vom Eingang, die Heilige Dreifaltigkeit und das Bild von Hermagoras und Fortunatus sowie die Fresken über dem Altarraum, die aus der Decke zu stürzen scheinen, stammen vom Meister.

Auch in der kleinen **Cappella del Santissimo Sacramento** auf der rechten Seite des Haupteinganges hat sich Tiepolo, 1726 noch in einen frühen Schaffensjahren, verewigt. Unglaublich plastisch zieren hier Engel auf üppigen Wolken das Gewölbe, fast scheinen sie vom Himmel auf den Betrachter zu fallen.

Dommuseum: Besuch beim legendären Patriarchen

Im Baptisterium unter dem Campanile, das auch von der Straßenseite her zugänglich ist, befindet sich das Dommuseum, das den Zutritt gratis gestattet und das dem wichtigsten Patriarchen der Stadt gewidmet ist. In der ehemaligen Taufkapelle liegt der legendäre Patriarch Bertrand de Saint-Geniès, der 90-jährig nach langem fruchtbaren und wohltätigen Wirken ermordet wurde, und der auch den Bau des Domes neu aufnehmen ließ. Seinen prächtigen Sarkopharg hatte er selbst in Auftrag gegeben, allerdings nicht für sich, sondern für Reliquien der heiligen Hermagoras und Fortunatus. Jetzt liegt der mächtige Patriarch selbst hier bestattet. Ein imposantes Tafelgemälde illustriert sein gewaltsames Ende durch den Hinterhalt der Görzer Grafen – auch sein Bischofsstab, seine Mitra und sogar das Schwert, das ihm sein Leben nahm, sind hier zu sehen.

Über die Via Vittorio Veneto geht es zurück zur Piazza Libertà, dem Ausgangspunkt des Rundganges. Doch damit sind die Schätze Udines noch lange nicht erforscht. Man braucht nur den Blick zu heben und – der goldene Engel oben auf dem Schloss über der Stadt scheint uns förmlich zuzurufen. Der Schlossberg will erobert werden!

B. Auf dem Schlossberg

Die Eroberung des Schlossberges gehört zum Pflichtprogramm jedes Stadt-Besuchers – nicht nur, weil es hier einiges an ehrenwerten Sehenswürdigkeiten zu bestaunen gibt, sondern weil man von hier am besten das ganz spezielle Umfeld der friaulischen Ebene wahrnimmt, in die Udine eingebettet liegt: Die Bergketten der Julischen und Karnischen Alpen im Norden, die von venezianischem Zauber durchdrungene Stadt zu Füßen – das ergibt eine ganz besondere Mischung von nördlicher Robustheit und südländischer Grandezza, die Udine so einzigartig macht.

Doch – diesen erhebenden Anblick muss man sich erst mal verdienen! Von zwei Seiten ziehen sich Wege hinauf auf den 156 Meter hohen Hügel: Von der **Piazza I° Maggio** windet sich ein teils recht steiler Weg durch Gartenanlagen in die Höhe, teilt sich zwischendurch auf in einen rechten und eine linken Arm und erreicht den Gipfel in der Nähe der Kirche.

Die anderen Aufstiegsmöglichkeiten eröffnen sich von der **Piazza Libertà**: Durch einen repräsentativen Triumphbogen, den Andrea Palladio entworfen hat, macht man sich auf, das Castello zu erobern. Dieser Bogen mit dem Markuslöwen wurde zu Ehren des venezianischen Statthalters Domenico Bollani errichtet – daher auch die Bezeichnung Arco Bollani. Als Napoleon 1797 in der Stadt das Kommando hatte, war ihm der machtheischende Markuslöwe ein Dorn im Auge und so holte er ihn kurzerhand von seiner überragenden Position herunter. Erst seit den 1950er-Jahren darf die edle steinerne Raubkatze das Tor wieder schmücken.

Auch von dieser Seite gibt es je nach körperlicher Verfassung mehrere Aufstiegsmöglichkeiten: die Fittesten wählen die steile Stiege des Luogotentente Giustinian auf der linken Seite, die an einem schönen Brunnen vorbei und durch viel Grün führt – ganze 101 Stufen sind zu bewältigen, bevor man es auf den Anhöhe geschafft hat. Man könnte auch direkt unter dem Laubengang des Portico Lippomano bergwärts lustwandeln, normalerweise wird man aber einfach auf der gepflasterten Straße bleiben, die in einigen Serpentinen zum Ziel führt. Wem das zu mühsam ist, der kann sich auch des Shuttlebusses bedienen, der im Handumdrehen seine Gäste hinaufbefördert – was aber eigentlich schade ist, denn immerhin ist der Portico Lippomano (Lippomano wiederum nach dem Statthalter, der ihn errichten ließ) mit seinen grazilen gotischen Bögen durchaus einen näheren Betrachtung wert. Liebespärchen und Schülergruppen beim Schulausflug oder in Pausen bzw. bei „inoffiziellen Auszeiten" scheinen dies erkannt zu haben, wenn sie es sich allesamt gerne unter den Arkaden bequem machen.

Die Sage erzählt, die Soldaten des Hunnenkönigs Attila hätten das Berglein mithilfe ihrer Helme aufgeschüttet. Und das nur zu dem Zweck, ihrem Anführer einen Blick auf das soeben vollbrachte Zerstörungswerk im Süden zu gestatten, denn sie hatten zuvor Aquileia in Schutt und Asche gelegt, und ein Blick auf die noch qualmende Stadt sollte Attilas Machthunger befriedigen. Wie auch immer, Geologen sind da anderer Meinung und sehen in dem Hügel eine voreiszeitliche Aufschüttung – auf jeden Fall haben die Menschen diese landschaftliche Erhebung bald für ihre Zwecke genützt. Verteidigungszwecke in diesem Fall. Doch nicht die sonst so allgegenwärtigen Römer haben den Hügel befestigt – es waren die Langobarden, die diesen Hügel offenbar erstmals für militärische Zwecke nützten.

Die Geschichte dieses Berges ist untrennbar mit der Entwicklung der Stadt verbunden, er ist ihr Herz, ihre Geburtsstätte und hat daher, wie es dem aufmerksamen Leser wohl schon aufgefallen ist, bereits im Kapitel über die Geschichte Udines ausführlich Erwähnung gefunden.

Das Castello: Einstiges Zentrum der Macht

Castrum Utini war viele Jahrhunderte nicht mehr als eine Burg, in der ein Statthalter wohnte und mit ihm einige Familien, die sich der Verteidigung der Festung verpflichtet hatten. Hier oben nahmen seit der Übersiedelung von Berthold von Andechs von Cividale nach Udine Mitte des 13. Jh. auch die Patriarchen ihren Sitz, und als dann ab 1420 die Venezianer am Ruder der Macht waren, übernahmen ihn die Luogoteneti, die Statthalter der Republik Venedig.

Das Castello in seiner heutigen Form wurde in mehreren Etappen erbaut. 1517 begann man mit dem Bau nach einem Plan, der ursprünglich vier Flügel vorsah. Nur ein einziger davon wurde in den nächsten vierzig Jahren gebaut, bis 1547 der berühmte Architekt **Giovanni da Udine** in das Geschehen trat und den einsamen Flügel umgestaltete: er setzte noch ein Stockwerk darauf, ließ an der stadtseitigen Front drei Eingangtore fertigen, die an Triumphbögen erinnern, und verlieh dem Gebäude auch hofseitig mittels einer monumentalen Treppe ein neues Gesicht. Von 1483 bis 1797 tagte hier das friulanische Parlament, an dessen Zusammenkünfte heute noch die

Portico Lippomano

Castello

prächtige *Sala del Parlamento* erinnert. Es waren turbulente Zeiten mit chaotischen Machtverhältnissen und einer Reihe einflussreicher Familien, die sich unterschiedlicher Sprachen bedienten. Wer die Werke alter Meister liebt und sich ihnen in aller Ruhe widmen möchte, sollte sich entsprechend Zeit nehmen, denn seit 1906 ist das Castello Sitz des Stadtmuseums (*Civici Musei e le Gallerie di Storia ed Arte*), in dessen Zentrum der auch als Veranstaltungsort genutzte, berühmte Parlamentssaal liegt.

Die städtischen Museen im Castello

Durch den stadtwärts gerichteten Eingang mit den pompösen Portalen des Giovanni da Udine gelangt man in das dunkle Innere des Castellos. Meist sind die Rollläden heruntergelassen, vielleicht aus Angst, zuviel Licht könnte den Farben der alten Kunstwerke schaden. Da und dort ein Museumswächter, der in dem Dämmerlicht auf seinem Stuhl über die ihm anvertrauten Schätze wacht: In den unteren Stockwerken frühgeschichtliche Funde, im Obergeschoss die Galerie der Alten Kunst (*Galleria d'Arte Antica*) mit Fresken, Tafelbildern, Darstellungen von

L'Angelo di Santa Maria di Castello

Heiligen und Porträts von Adeligen und Klerus, geschaffen von wichtigen Künstlern ihrer Zeit wie Giovanni Battista Tiepolo, Domenico da Tolmezzo, Pomponio Amalteo („Das letzte Abendmahl" aus 1574) und vielen mehr.

Ein besonderes Highlight – wenn auch verdunkelt – ist ein großer Saal, der mitten in den vorgeschriebenen Weg durch die Räumlichkeiten eingebettet ist: die „Sala del Parlamento". Es ist der einzige originale Raum des Schlosses. Ungewiss zu sagen, was er präsentieren wird, wenn Sie ihn betreten, hat er doch als Rahmen für wechselnde Ausstellungen seine Bestimmung gefunden. Immer zu bewundern sind seine permanenten Dekorationsstücke in Form von Fresken aus dem 16. Jh. und Malereien aus dem 16. und 18. Jh., die auf seine einstige Bestimmung als Tagungsort des Parlaments hinweisen: es sind Szenen von Pomponio Amalteo und Giovanni Battista Grassi, die Venedig, Udine und Friaul glorifizieren. Die dargestellten Tugenden sollten wohl die Abgeordneten an die von ihnen erwartete hohe Moral erinnern – wohl vergeblich, wenn man den Erzählungen des Schriftstellers Ippolito Nievo Glauben schenken darf, der von den Sitzungen Abenteuerliches zu berichten weiß.

Die Nord- und Südwand sind geschmückt mit Motiven, die Szenen aus der Antike zeigen bzw. Udine als neues Aquileia darstellen. Wappen der 270 venezianischen Statthalter, die zwischen 1420 und 1797 hier regierten, bilden als Fries eine illustre Reihe der Mächtigen.

Das Castello beherbergt noch weitere Ausstellungen in den oberen Stockwerken wie die *Galleria dei Disegni* e *delle Stampe*, die Entwürfe und antike Drucke präsentiert, und vielleicht besonders interessant, wenn man Dokumentationen vom alten Udine und Friaul sehen möchte, das *Museo Friulano della Fotografia*, die *Fototeca* und *Collezioni Risorgimentali* im obersten Stockwerk. Manch älterer Stadtbewohner mag hier ein wenig sentimental werden, sind doch einige Bauwerke festgehalten, die längst der

Erinnerung angehören – so zum Beispiel die 1859 gegründete, berühmte und beliebte Brauerei „Birreria Moretti", die älteste weit und breit, die an der Piazzale XXVI Luglio ihren Standort hatte.

Civici Musei e le Gallerie di Storia ed Arte
Colle del Castello
Öffnungszeiten:
Dienstag bis Sonntag ab 10.30 Uhr, von 1. Oktober bis 30. April bis 17 Uhr geöffnet, von 1. Mai bis 30. September bis 19 Uhr. Ticketverkauf bis eine halbe Stunde vor Schluss. Montag Ruhetag. Vollpreis Erwachsener € 5. Info: www.udinecultura.it

Verborgene Schönheit: Die älteste Kirche der Stadt

Gleich rechts am Ende des Aufstiegs liegt die Kirche **Santa Maria di Castello**. Nicht mächtig und prächtig behauptet sie ihren Platz, eher zurückhaltend schmiegt sie sich unauffällig an die Bergkuppe. Wie so oft hat auch hier die heutige Form viele Vorgänger, die erste – und das macht sie so einzigartig – stammt bereits aus dem 6. Jh. Die Langobarden fanden Gefallen an einer heiligen Stätte in luftiger Höhe und bauten sie im 8. Jh. um. Im 13. Jh. und einige Erweiterungen später musste die Kirche ihre Rolle als erste Kirche der Stadt abgeben – der neu erbaute Dom unten in der Stadt hatte ihr den Rang abgelaufen, die statusbewussten Patriarchen hielten das bescheidene Kirchlein für nicht standesgemäß.

Bis auf die zweistöckige Renaissancefassade, die aus dem 16. Jh. stammt, ist ihr heutiger Zustand in etwa jener des 13 Jhs. Dass die Kirche ursprünglich um einiges kürzer war, erkennt man an der steinernen Bodenplatte mit einer Inschrift, welche die Grenze der Erweiterung markiert. Schöne Fresken nach byzantinischen Vorbildern schmücken die Apsiden. Die Darstellungen auf der rechten Seite stellen die ältesten Fresken dieser Kirche dar und stammen aus der Mitte des 13. Jhs. Berührend die restaurierte Holzskulptur der „Schlafenden Jungfrau" in einer Nische auf der rechten Seite, die aus dem 15. Jh. stammt. Die teils offene Holzdecke, die dicken Mauern und und die blassen Fresken schaffen eine Atmosphäre der Schlichtheit und der Schönheit, in die sich das einfache Holzkruzifix aus dem 16. Jh. auf dem Altar harmonisch einfügt. Der Campanile hat, wie es sich für eine Kirche nach venezianischem Vorbild gehört, einen offenen Glockenstuhl, behütet von einer Kuppel. Berühmt wurde der 43 Meter hohe Turm vor allem durch einen Engel auf der Spitze seiner Kuppel, der mit seinem ausgetreckten Arm die Windrichtung deutet: **L'Angelo di Santa Maria di Castello.**

Ein himmlisches Fotomodell

Auf wie vielen Bildern der riesige Engel wohl als Symbol für Udine oder gar ganz Friaul abgebildet sein mag? Sein ausgestreckter Arm zeigt die Windrichtung an, während er in kühnem Schritt mit nur einem Fußabsatz mit der Turmspitze verbunden scheint. Seine kecke Nase strebt ebenso forsch wie sein ausgestreckter Zeigefinger nach vorne, ausbalanciert durch die Flügel, die wie der Heiligenschein seinen Status als Engel augenscheinlich machen. Auf Fotos, die vor Dezember 2011 aufgenommen wurden, erscheint er grau und trotz seiner Größe unscheinbar. 1777, als er seinen luftigen Platz einnahm, war seine Farbe Gold, doch die Zeit und die Unbillen des Wetters, denen er ungeschützt ausgesetzt ist, ließen sein Strahlen verschwinden und sogar seine Beweglichkeit, mit der er die Windrichtung anzeigen sollte, hatte er verloren. Heute tritt der Erzengel Gabriel, denn diesen verkörpert die Bronzestatue, wieder glänzend auf – in feinem, strahlendem Gold. Runderneuert wie der Turm unter ihm, der nach dem verheerenden Erdbeben im 16. Jh. zwei der Glocken verloren hat – und als Fotomodell begehrter denn je!

Die verlorene Stadt

Wieder schreitet man durch ein Tor, wenn man den weiten, offen Schlossplatz betritt. Großzügige Grünflächen, ein Brunnen – ein Park hier oben auf dem erhöhten Platz? Tatsächlich wusste man diese kostbare, weil sichere Fläche im Mittelalter anders zu nutzen – eine ganze Stadt fand hier, geschützt von dicken Mauern und wehrhaften Einwohnern, Platz.

Nicht nur zwei Patriarchenpaläste standen an der Stelle, sondern darüber hinaus drei Kirchen und eine stattliche Zahl an Wohnhäusern, die Bewohner beherbergten, die eben zu einer mittelalterlichen Residenz dazugehörten – von kleinen Bediensteten über die hohen Würdenträger bis zu den sogenanten Habitatores, die sich das Recht, innerhalb der geschützten Mauern zu wohnen, mit einer Gegenleistung erkauft hatten: sie hatten im Bedarfsfall für den Schutz der Anlage zu sorgen und waren demnach so etwas wie die unterste Stufe des Rittertums.

Doch, wo sind die Menschen geblieben, wie ihre Häuser verloren gegangen? Immerhin standen noch um 1830 zahlreiche Wohngebäude um hinteren Bereich des Plateaus, von denen heute jede Spur fehlt: Die Menschen, die darin gewohnt hatten, waren im Laufe der Zeit hinunter in die Stadt gezogen, die zu dieser Zeit schon sicherer war und bessere Lebensbedingungen bot. Der Hügel vereinsamte, die Häuser bestanden weiter. Auch das Erdbeben von 1511 machte ihnen nicht vollständig den Garaus, wenn es auch zweifellos beträchtlichen Schaden anrichtete. Das schafften dann erst die stadtplanerischen Ambitionen der Udineser Stadtväter, welche die leer stehenden, jedoch historisch bedeutenden Bauten Mitte des 19. Jh. abtragen ließen. Dafür baute man Neues im historisierenden Stil oder ließ gar in mühevoller Kleinarbeit Bauwerke aus anderen Stadtteilen hierher versetzen – so wie man es auf der Piazza XX Settembre mit dem venezianischen Palast gemacht hatte. In diesem Fall gelten als die Zuwanderer der schmucke Torbogen zum Schlossplatz, der **Arco Grimani** aus dem 16. Jh., der einst in der Unterstadt stand und erst 1902 hierher kam, sowie die terracottafarbene **Casa della Contadinanza**. Sie wurde ursprünglich an der Ecke Via Vittorio Veneto und Via Raudesco erbaut und beherbergte damals die *Camera del Lavoro*, die Arbeiterkammer. Um 1930

versetzte man das dreistöckige Gebäude auf den Berg, allerdings verzichtete man auf eines der Stockwerke, und schmückte es gewissermaßen mit fremden Federn, indem man Fresken aus einem Haus an der Piazza Matteotti hierher übertrug. Der Name Contadinanza rührt von jener Institution her, die 1511 entstanden war und die neben den Rechten der Gemeinden Friauls besonders jene der Bauern (*contadini*) zu vertreten hatte und außerdem als Steuerbehörde und Waffenaufsicht fungierte.

Für Besucher ist die Casa eine willkommene Anlaufstelle, beherbergt sie doch eine Gastwirtschaft, in der man sich tagsüber mit Kaffee oder Prosecco oder einem leckeren Mahl auf der malerischen Terrasse unter Bäumen stärken kann. Auch wenn man draußen die Sonne – oder den Schatten der Schirme und Bäume – genießt, sollte man unbedingt einen Blick ins Innere der Lokalität werfen: ein herrlicher Raum mit alter, dunkler Holzdecke, Steinboden und holzgeschnitzten Lustern erwartet seine Gäste, und ein wappengeschmücktes blaues Schild am Eingang verrät, dass hier der Orden der Europäischen Weinritter (Domicilium Ordo Equestris Vini Europae) eine angemessene Bleibe gefunden hat. Nicht zu verwechseln mit der Casa della Contadinanza ist die **Casa della Confraternità** neben dem Arco Grimani. Dies ist das „Haus der Bruderschaft" – einer Vereinigung von Adeligen und Künstlern, welches im Laufe der Zeit vollkommen verbaut worden war und erst 1929 „wiederentdeckt" und wiederhergestellt wurde. Nach dem Erdbeben von 1511, das den Sitz des Luogotenente kräftig durchgeschüttelt hat, beherbergte es vorübergehend das Friulaner Parlament. Heute dient es als Ausstellungsort.

Was es noch Bemerkenswertes gibt, hier auf dem Colle del Castello? Aussicht, Aussicht, Aussicht! Die Karnischen Alpen (nordwestlich) und die Julischen Alpen (nordöstlich) markieren den Norden, entsprechende Gerätschaft in Form von Fernrohren steht zur Verfügung, wenn man detaillierte Aufklärung über die Umgebung haben möchte. Auffällig ist jedenfalls im Südwesten die gewaltige grüne Kuppel des **Tempio Ossario** (siehe Foto S. 10) am Piazzale XXVI Luglio, des Knochentempels, der seinen Namen nicht umsonst trägt: In dem 1936 auf dem Gelände der Bierbrauer Moretti vollendeten Gotteshaus wurden die sterblichen Überreste von 25 000 Gefallenen des Ersten Weltkrieges bestattet.

Arturo Malignani

Ein auffälliger, im mittelalterlichen Stil erbauter Turm geziert von einem schwarzen eisernen Drachen ragt auf der Westseite des Schlossberges neben der steinernen Umfriedung des Plateaus in die Höhe. Allerdings, so alt wie er zu sein vorgibt, ist er nicht: Er wurde erst Anfang des 20. Jhs. gebaut – von einem Mann, von dem sich Näheres zu wissen durchaus lohnt: Arturo Malignani. Der Turm, die *Torre Malignani*, trägt seinen Namen. Wer sich ein wenig mit Udines und Friauls Bildungsinstitutionen auskennt, weiß, dass so manche dieser schulischen Einrichtungen nach ihm benannt ist, unter anderem das angesehene „Istituto Tecnico Industriale Statale" in Udine.

Malignani war, kurz gesagt, ein Erfinder. Ein besonders erfolgreicher noch dazu, denn die Menschheit verdankt ihm einige spürbare Verbesserungen der Lebensqualität – und zwar in den unterschiedlichsten Bereichen wie Licht und Elektrizität, Wasserkraft, Meteorologie, Fotografie, Betonbau usw. 1865 kam er in Udine zur Welt. Wahrscheinlich wurde er schon von seinem Vater auf den Geschmack gebracht, sich näher mit der Forschung zu beschäftigen, denn der war nicht nur Porträtmaler, sondern überhaupt ein Pionier der Fotografie, dessen Fotolabor mit all seinen Chemikalien den Forscherdrang im jungen Artur weckte.

Sein erster großer Coup war ein bahnbrechender Fortschritt hinsichtlich der bis dahin mangelhaften Edison-Glühbirnen, denen er mithilfe eines Vakuum-Verfahrens nicht nur zu hellerem Leuchten, sondern auch zu leichterer Produktion und ungleich längerer Lebensdauer verhalf. Dank seiner Erfindung, die er sich erst 1894 patentieren ließ, wurde Udine nach Mailand und London im Jahre 1888 die dritte Stadt Europas, deren Straßen elektrisch beleuchtet wurden. Edison war begeistert von der Erfindung Malignanis, die den jungen Mann zu seiner Zeit schließlich zu einem der reichsten Männer Udines machten. Von den Glühbirnen und der elektrischen Energie war der Weg zur Wasserkraft nicht weit – auch eines der erfolgreichen Spielfelder des Genies. Er baute Dämme und ein Kraftwerk, das den Fluss Torre zum Energielieferanten bändigte, und mit dessen Hilfe sogar die Straßenbahn zu ihrer elekrischen Energie kam. Er erfand ein elektrisches Auto und beschäftigte sich mit dem Baumaterial Zement. Waren Astrologie und Meteorolgie für ihn ein Hobby oder standen sie als Brotwerwerb in seinem wirtschaftlichen Interesse? Sei's drum, jedenfalls widmete er sich auch diesem Gebiet mit Leidenschaft und Akribie. Er ließ sich sogar an den Hängen des Schlossberges im Garten seines Hauses seine eigene meteorologische Station bauen – eben jenen mittelalterlich anmutenden Turm, der keck bis auf die Höhe des Bergplateaus ragt. 1939 starb der erfolgreiche Erfinder und ebenso erfolgreiche Unternehmer in seiner Heimatstadt Udine.

C. Im Universitätsviertel

Wollen Sie von dieser charmanten Stadt mehr sehen als nur die „klassische Runde" im Bereich der Shoppingwelt zwischen Via Mercatovecchio und Via Antonio Zanon? Es gibt da – neben einigen anderen bemerkenswerten Stadtvierteln, auf die wir noch kommen – ein besonderes Viertel, das von Tagesbesuchern oft unbeachtet bleibt, dabei liegt es so nahe! Nur ein kurzer Spaziergang und man ist mittendrin: im alten **Borgo Gemona** mit seinen winzigen, teils von der Roggia durchflossenen Gassen, hübschen Geschäften und skurrilen Beiseln, die man einfach gesehen haben muss.

Von der Piazza I° Maggio aus gelangt man ganz einfach über die schmale **Via Portanuova** dorthin, gleich neben dem unübersehbaren „Ristorante Pizzeria Concordia" mit der weiß getünchten Mauer.

Kommt man hingegen von der Piazza Libertà die **Via Mercatovecchio** entlang, so biegt man diesmal nicht nach links ab, sondern spaziert weiter bis ans Ende der Straße und lässt sich dann auch hier nicht nach links in die mit Kneipen gespickte Via Paolo Sarpi locken, sondern hält sich tapfer weiter rechts. Vorbei am Palazzo Bartolini mit der städtischen Bibliothek, den etwas abfallenden Verlauf der Riva Bartolini folgend. Hier gibt es noch mehr Bibliotheken auf der rechten Seite – da kann man eigentlich nur mittendrin sein im Universitätsviertel!

Wo Studenten zu Hause sind, sind auch Kneipen nicht weit – was nicht heißt, dass sich dort nur Studenten aufhalten. Ganz versteckt in dem Gässchen **Vicolo Silio** hat die „Pizzeria Al Vapore" ihre Tische malerisch auf den kleinen Vorplatz gerückt, an der Via Bartolini 8 hat sich die viel frequentierte Osteria „Pieri Mortadele" mit ihrer Spezialität einen Namen gemacht – eine Riesenmortadella! Die Monsterwurst versteckt sich an der Theke im hinteren, rustikal ausgestatteten Raum mit einigen anderen kalten Köstlichkeiten und schwindet trotzdem unter der starken Nachfrage rasch dahin. Gleich danach zieht ein verwegener mannsgroßer Pirat vor einem ebenso verwegenen Lokal die Blicke auf sich: unübersehbar das „Sbarco dei Pirati". Wie der Name schon sagt: hier landen die Piraten an.

„Îr, vuê e doman ... simpri furlan!"

Das **Sbarco dei Pirati** könnte man salopp formuliert als „grindig" (also heruntergekommen) bezeichnen, der Geruch schlägt dem Besucher etwas befremdlich entgegen und der Wirt blickt auch eher grimmig. Doch fürchten muss sich hier niemand – das beweisen schon allein die zerbrechlichen älteren Damen, die an der Theke vollkommen angstfrei ihr Gläschen genießen. Und zu bestaunen gibt es hier genug, also ran an die Theke! Die Fassade und das Innere sind voll behängt mit Schildern und Schiefertafeln, die die Spezialitäten der Kneipe anpreisen, und das sind fast ausschließlich klassisch friulanische. Und: Natürlich auf Friulanisch! Das schriftlich verkündete Motto lautet: *„Îr, vuê e doman ... simpri furlan!"* (Gestern, heute und morgen ... immer friulanisch!). Gespeist wird im mindestens ebenso skurrilen Nebenraum, von dessen Decke allerlei altes Zeugs herunterhängt – meist aus der Küche stammend. Wer sich traut, kann hier einen original *Frico con polenta* und danach vielleicht eine *Gubana con Slivovitz* probieren, ansonsten tut's auch ein Glas Tocai – die Bezeichnung Tocai friulano oder das eigentlich nur mehr alleingültige „Friulano" hat sich hier noch nicht durchgesetzt!

Natürlich gibt es auch hier Ehrwürdiges zu sehen wie die kleine Kirche **San Cristoforo** auf dem gleichnamigen Platz aus 1358, die später ein schönes Renaissanceportal dazubekommen hat.

Wo einst Napoleon tobte

Der **Palazzo Florio** kurz danach in der Via Palladio ist wieder eines der Beispiele, dass Ende des 18. Jhs. auch nicht-venezianisch beeinflusste Architektur den Weg hierher gefunden hat – in diesem Fall ist sie mit dreiflügeliger Bauweise vom französischem Stil des Typs „Hôtel" beeeinflusst, auch wenn sich im Mittelteil doch wieder venezianische Fenster durchgesetzt haben. In diesem Palazzo, heute Sitz des Rektorates der Universität, wurde Geschichte geschrieben: Napoleon traf sich hier zu den ersten Verhandlungen zum Vertrag vom Campoformido mit den gedemütigten Österreichern, die Wien davor bewahren wollten, vom kleinen Korsen bzw seinem Heer überrannt zu werden. Am 16. Oktober 1797, am Vorabend der Unterzeichnung, müssen sich so einige lautstarke Debatten abgespielt haben, jedenfalls soll der außer sich geratene Napoleon etliche

Palazzo Florio

zerschmetterte Teller und Vasen auf dem Konto haben. Worüber sich der Franzose dermaßen geärgert hat, steht in den Sternen, letzten Endes mussten die Österreicher bei diesem Friedensschluss ordentlich Federn lassen.

Praktisch um die Ecke dehnt sich ein imposantes Gebäude aus, in das die Universität mit ihrem Hauptsitz eingezogen ist: der

Palazzo Antonini Cernazai aus dem 17. Jh. mit wuchtigen Steinelementen an seiner Fassade. Wer nicht gerade in Ferienzeiten vorbeischaut, trifft Scharen emsiger junger Leute, doch manchmal ziehen die Studenten in lauten Trupps und mit furchterrregenden oder witzigen Ganzkörperkostümen verkleidet durchs Viertel, als wäre unvermittelt der Karneval ausgebrochen. Aber sie feiern nur ihren Abschluss, ihr Laureat, und das Treiben vergönnen die Udineser den Jungen mit schmunzelndem Wohlwollen.

Die Universität Udine

Seit 1976 haben die Udineser ihre eigene Universität – die einzige in Italien, die aufgrund einer Bürgerinitiative gegründet wurde, nachdem die Friulaner genug hatten von vielen Versprechen, die ihnen Rom in Bezug auf ihre Autonomie gegeben und nicht gehalten hatte. Die Universität wurde zweisprachig gegründet und heißt also nicht nur Università degli Studi di Udine, sondern auch Universitât dal Friûl. Zehn verschiedene Fakultäten, von denen es

Universität

heißt, jede von ihnen behaupte sich unter den Top 10 der italienischen Institute, werden von insgesamt circa 17 000 Studenten besucht. Die jungen Leute bringen nicht nur willkommenen Schwung ins Straßenbild, sondern auch einen internationalen Anstrich, kommen sie doch aus aller Herren Länder. Die studienbegleitende Scuola superiore, die ausgewählten Stipendiaten eine weiterführende und vertiefende Ausbildung ermöglicht, wurde im Jahre 2004 gegründet.

Doch das Unigebäude ist nicht der einzige Palazzo in dem Bereich – schräg gegenüber auf der anderen Platzseite kündigt eines der gelben Schilder, die überall über historische Denkmäler Auskunft geben, den **Palazzo Antonini** an. Er ist in gepflegtem Zustand, ebenso der herrliche Park dahinter, in den man an der Rückseite spähen kann. Kein Wunder, er gehört einer Bank, die sich das erhabene Gemäuer aber auch nicht mehr leisten will oder kann – jedenfalls steht es zum Verkauf. Als 1556 sein Bau geplant wurde, befand sich das Gebäude noch am damaligen Stadtrand, und es war genug Platz für einen prächtigen Garten dahinter. Andrea Palladio hatte den Auftrag für Entwurf und Bauüberwachung bekommen, doch bald schritt der Bau ohne Aufsicht des Meisters voran, bekam wuchtige Elemente wie die Säulen am Eingang und die Fensterfassung, die er so nicht vorgesehen hatte. Von Palladios ursprünglicher Idee ist jedenfalls nicht mehr viel übrig geblieben, nichtsdestotrotz macht sich der Palazzo ganz prächtig.

Auszeit unter der Markise Ein schmuckloses, fast bedrohlich wirkendes Mauerwerk hat sich am Platz zwischen den beiden Palazzi Antonini eingenistet und schirmt die Tische des dort ansässigen arabischen Lokals straßenseitig ab – Dokument eines Kunstverständnisses moderneren Ursprungs, das von den Städtern allerdings nicht besonders goutiert wird. Umso mehr wissen die Udineser zu schätzen, was sie an der „Bar Pasticceria Galanda" und besonders an der alten „Trattoria Ai Frati" haben, die sich in die Ecke der Piazzetta Antonini drückt, direkt an der vorbeiplätschernden Roggia. Solange es die Temperaturen zulassen, sitzen

Uniprofessoren, Bankangestellte und Hausfrauen im Freien auf der kleinen Terrasse, geschützt von einer Markise und umkränzt von wild wucherndem Wein. Wenn es zu frisch wird, rücken sie in den alten Stuben der Gastwirtschaft zusammen, die im ersten Stock Räume mit schmalem Balkon über dem Wasserlauf bietet. Dass sich das Menüangebot hauptsächlich auf friulanische Spezialitäten konzentriert, erübrigt sich fast zu erwähnen. Die Legende erzählt, dass früher ein Brunnen auf dem Platz stand, nach dem das Lokal „Al Pozzo" – Zum Brunnen – benannt war. Aber nachdem ein Gast, der wohl zu tief ins Glas geschaut hatte, hineingestürzt war, hat man den Brunnen zugeschüttet, und das Lokal wechselte den Namen.

Das älteste Haus und die älteste Apotheke der Stadt

Die Via Giuseppe Mazzini zwischen Universität und Palazzo Florio hält gleich hält zwei Rekorde in Sachen Geschichte: Das schmale Haus Nr. 1 mit der Ziegelfassade aus dem 14. Jh. wird als das älteste Bürgerhaus der Stadt gehandelt. Und in der Nr. 13 befindet sich die älteste Apotheke der Stadt, die mit einem besonderen Produkt aufwarten kann: Der

„Amaro d'Udine", ein Kräuterbitter historischer Abstammung mit niedrigem Alkoholgehalt, der jüngst unter der Bezeichnung „Amaro red" etwas zeitgeistiger und stärker neu erfunden wurde und nicht nur pur, sondern auch als Cocktail seine Liebhaber findet. Das Ursprungsrezept wurde um 1400 von – wie könnte es anders sein – Udineser Mönchen erfunden und von der Apothekerdynastie

Colutta 1846 wieder aufgenommen. 1912 organisierte Antonio Colutta in

einer spektakulären „Marketingaktion" sogar einen viel bestaunten Heißluftballonstart von der Piazza della Libertà, um den Amaro bekannt zu machen. Auch in der Via Cesare Battisti befindet sich eine Colutta-Niederlassung – der *Amaro* im Schaufenster verrät es!

Weiter stadtauswärts, entlang der **Via Gemona**, die einst die pulsierendste Straße der Stadt war, warten noch einige Highlights: einerseits ein gastronomischer – die Bar Caucigh, die sich ihre stilvolle Einrichtung als klassisches Kaffeehaus bewahrt hat und einmal wöchentlich als Jazzlokal Furore macht. Andererseits steht an der Via Gemona 15–17 das Wohnhaus des Meisters Giovanni da Udine, nach dem auch eine abzweigende Straße benannt ist. Hier wohnte er mit seiner Frau Costanza und seine vielen Kindern – man sagt, es seien zwölf gewesen. Das Bürgerhaus verfügt über Arkaden mit hohen Bogen, aber von den Fresken und dem Stuck, mit dem der Künstler selbst das Haus schmückte, sind nur noch wenige Spuren übrig geblieben.

Giovanni da Udine

Eigentlich hieß er Giovanni Nani, auch Il Ricamatore, bekannt ist er aber unter dem Namen Giovanni da Udine. 1487 kam er in Udine zur Welt, seine erste Ausbildung erhielt er wahrscheinlich in Venedig. 1516 setzte er seine Laufbahn als Maler und Stuckateur als Schüler und Assistent des italienischen Künstlergenies Raffael fort, in dessen Werkstatt er bis zu Raffaels frühem Tod arbeitete. Sein Beitrag zu den Kunstwerken waren meist die dekorativen Elemente nämlich die Stuckatur, aber auch dekorative Freskos. Nach Raffaels Tod setzte er dessen begonnene Projekte fort, wechselte anschließend nach Florenz und Venedig. Zwischendurch hatte er Zeit für Aufträge in seiner Heimat, wo er auch als Architekt in Erscheinung trat: der Torre dell'Orologio, die Brunnen auf der Piazza San Giacomo und der Piazza Libertà, die Verschönerung des Castellos gehen u. a. auf ihn zurück. Um im Vatikan zu arbeiten, hielt er sich ab 1560 in Rom auf, wo er vier Jahre später starb.

Doch nicht nur die Universität mit ihren Instituten und Fakultäten hat in diesem Viertel ihren Sitz, auch die öffentliche Stiftsschule **Educandato Statale „Collegio Uccellis"** mit angeschlossenem Internat befindet sich hier mit dem Eingang in der Via Giovanni da Udine 20. Seit 1685 ist die Schule, die heute zu den renommiertesten unter Italiens staatlichen Schulen gehört, im ehemaligen Klarissenkloster untergebracht. Auch zahlreiche Schüler aus Österreich haben im prächtigen Rahmen des alten Klosters unter straffer Führung der Erzieher und Fachlehrer nicht nur perfekt Englisch und Italienisch gelernt, sondern auch internationale Freundschaften geschlossen. Die **Chiesa di Santa Chiara** gehörte zum Kloster – ihre Front zeigt wieder zur Via Gemona. In dieser Kirche liegt auch Uccellutto Uccellis begraben, der das Kloster und die ursprüngliche Kirche Anfang des 14. Jh. erbauen ließ, sowie Ludovico Uccellis, der für die Einrichtung des Internates in diesen ehrwürdigen Mauern verantwortlich zeichnet. Noch weiter stadtauswärts, bevor man zum Piazzale Osoppo gelangt, befindet sich der **Palazzo Toppo Wassermann**, mit der hier untergebrachten Scuola Superiore und damit ebenfalls Universitätssitz.

Noch ein wenig mehr von Venedig

Der Vergleich mit der Serenissima findet nachlässigerweise vorwiegend unter Betrachtung der Prachtbauten rund um die Piazza della Libertà statt. Und doch gibt es noch andere Ecken, die an Venedig erinnern: Es sind die zum Teil kopfsteingepflasterten Gassen und Wege dieses Viertels, die sich eng an den Schlossberg schmiegen und durch die Roggia di Udine ihren venezianischen Touch erhalten. Zwischen engen Häuserfronten, durch schmale Brücken und Hauszugänge, vorbei an grünen Gärten bahnt sie ihren Weg. Lassen Sie sich hier ein wenig treiben durch die verschlungenen Wege von der Piazzetta Antonini mit der „Trattoria Ai Frati" und dem Garten des Palazzo Antonini, vom **Vicolo della Banca** und durch die **Via Portanuova**, durch die Sie wieder zur Piazza I° Maggiore zurückgelangen. Als Draufgabe kann man dort gleich eine ganze Reihe wirklich schöner, gut versteckter Geschäfte für Dekoration, Einrichtungsstücke und selbst gewebte Kostbarkeiten entdecken (siehe S. 128)!

Garten des Palazzo Antonini

Kirche Madonna delle Grazie

D. Jenseits des „Großen Gartens"

Nun zurück zum Giardino Grande, der – wie schon angedeutet – auch an seiner östlichen Seite reichlich zu bieten hat:

Da ist vor allem die unübersehbar im Nordosten der Piazza I° Maggio thronende Kirche **Beata Vergine delle Grazie**, auch **Madonna delle Grazie** genannt, mit den markanten vier Säulen über einem breiten Stiegenaufgang. Ursprünglich stand hier ein Kirchlein, das den heiligen Gervasius und Protasius geweiht war, 1495 wurde dann der Grundstein zu einer neuen Kirche romanischen Stiles gelegt, nunmehr Maria gewidmet und vom Servitenorden übernommen. 1922 wurde sie zur Basilica minore erhoben. Ihr heutiges Aussehen verdankt sie der Kunstfertigkeit eines Giorgio Massari im Jahre 1730, das neoklassizistische Säulenportal wurde erst im 19. Jh. hinzugefügt. Neben der Kirche befindet sich das heutige Kloster mit einem Fresken geschmückten Kreuzgang aus dem 16. Jh. und einer Zisterne im Zentrum.

Doch mit dem ansehlichen Äußeren ist es bei dieser Kirche nicht getan, sie ist in ihrem Inneren ein wahres Schatzkästchen: Die Hauptsehenswürdigkeit der Basilika befindet sich in der **Cappella della Madonna** auf der linken Seite: die namensgebende Ikone der Muttergottes mit dem Kind. Das kostbare Stück soll ein Geschenk des Sultans von Konstantinopel sein – auch wenn andere Stimmen behaupten, dass sich damit in Wirklichkeit ein westlicher Künstler des 15. Jhs. im byzantinischen Stil versucht hat!

Die wundertätige Madonna aus Konstantinopel

Um die Geschichte mit dem Geschenk des Sultans ranken sich weitere geheimnisvolle Geschehnisse: So erzählt man sich, dass der venezianische Statthalter Giovanni Emo die wertvolle Ikone in seinem Castello eifersüchtig gehütet hätte. Bis eines Tages ein Koch beim Fleischschneiden sich schwer an der Hand verletzte und die Jungfrau auf dem Bildnis um Heilung anflehte – die ihm auch prompt zuteil wurde. Da beschloss der Statthalter, dass ein solches Gemälde nicht an einem profanen Ort aufbewahrt werden sollte, sondern in eine Kirche gehörte. Am 8. September

1479 soll das kostbare Bildnis in einer feierlichen Prozession an ihren jetzigen Aufbewahrungsort überstellt worden sein. Übrigens soll die Madonna noch für ein anderes Wunder zuständig sein – sie rettete nämlich einen jungen Mann, der im Übermut einer Faschingsnacht mit einer gehörnten Teufelsrüstung umherzog und seine Späße trieb. Als er die Verkleidung schließlich abnehmen wollte, saß das Teufelsding fest und ließ sich nicht mehr lösen. In seiner Verzweiflung flehte er die Jungfrau Maria an – und diese hat ihn befreit.

In dieser Madonnenkapelle gibt es außerdem zwei Gemälde von Giuseppe Diziani zu bewundern, darüber hinaus sind das Tafelbild am Hochaltar von Luca Monteverde (1522), vier Bilder von Domenico Tintoretto und kostbare Goldschmiedearbeiten sehenswert. Und natürlich die verhexte Teufelsrüstung aus dem 15. Jh., die gleich links neben dem Eingang steht!

Valentinstag im Borgo Pracchiuso

Hinter der Kirche Madonna delle Grazie, nach einer Kurve über den Largo delle Grazie und einem kleinen Anstieg, liegt das historische Viertel und die gleichnamige Straße **Pracchiuso**. Hier wurden übrigens zwei bekannte Persönlichkeiten Udines geboren – nämlich Tina Modotti (siehe S. 38) sowie Bonaldo Stringher, erster Generaldirektor und Gouverneur der „Banca d'Italia", der italienischen Nationalbank, dem auch die Ehre eines Straßennamens im Zentrum zuteil wurde. Des Weiteren befindet sich hier die Kirche **San Valentino** aus dem 16. Jh., wo eine feierliche Messe den Mittelpunkt und Auftakt des alljährlichen Valentinsfestes bildet. Dann beherrschen Marktstände das Straßenbild, der Verkehr wird ausgesperrt. Neben der üblichen Bedeutung des Valentinstages als Fest der Liebenden gibt es in Udine noch eine besondere Tradition: der heilige Valentin ist auch zuständig für die Heilung von Epilepsie und Geisteskrankheiten, und gesegnete Schlüssel (in Erinnerung an das Stück Eisen, das man früher in die verkrampfte Hand des Epileptikers drückte) und Brot in Form einer Acht (bezugnehmend auf die verschlungenen Äskulapnattern der Pharmazeuten) sollen vor diesen Krankheiten beschützen. Wer den Valentinsmarkt besucht, bringt seinen Lieben daheim diese beiden Glücksbringer mit!

Die antiken Stadtviertel feiern

Sieben historische *Borghi* gibt es in Udine, dazu noch einige *Contrade* – Straßenzüge – wie die Via Cussignacco, Cascanan oder Santa Lucia, die alle ihre traditionellen Feste pflegen: den Valentinstag im Borgo Pracchiuso, das Kastanienfest in der Via Cussignacco, das Fest der Frösche im Grazzanoviertel, im Borgo San Lazzaro das Fest der heiligen Lucia, das „Festa dell'Estate all'Ombra" im Borgo Porto Villalta, und in den Borghi Poscolle, San Lazzaro und Grazzano werden des Weiteren Karneval, Allerheiligen und Weihnachten besonders gewürdigt.

E. Rund um Tiepolo

Die logische Fortsetzung eines Rundganges wäre es jetzt, quer über die große Piazza I° Maggio zu wandern, um in die erzbischöflichen Herrlichkeiten im Palazzo Arcivescovile einzutauchen. Dort stoßen wir unausweichlich auf jenen Mann, auf den die Stadt so stolz ist: **Giovanni Battista Tiepolo**. Die Kunstgeschichte lehrt uns, dass er ein berühmter und angesehener Maler des Barock und Venezianer war. Auch das Naheverhältnis zwischen Venedig und Udine ist mittlerweile ein bekanntes Faktum. Doch wie kam es zu jenem zwischen Udine und Tiepolo? Der Hintergrund ist: In Udine hinterließ Tiepolo Werke von den ersten Anfängen bis zu seinen späteren Arbeiten – und damit einen großartigen Überblick über 40 Jahre seines Schaffens wie sonst nirgendwo! Von den Fresken für die Cappella del Santissimo Sacramento im Dom und den Arbeiten im **Palazzo Patriarcale**, beides beispielhaft für seine frühen Werke, spannt sich der Bogen bis zum Freskenzyklus „Himmelfahrt Marias" im **Oratorio della Purità**, der als eines der schönsten Werke seiner Spätzeit bekannt ist.

Meister Tiepolo – Brückenbauer zwischen Himmel und Erde

Giovanni Battista (genannt auch Giambattista) Tiepolo kam am 5. März 1696 in Venedig zur Welt. Als er am 27. März 1770 in Madrid starb, galt er als einer der bedeutendsten venezianischen Maler des ausklingenden Barock und des Rokoko.

Er war das jüngste von sechs Kindern eines kleinen Schiffs-eigners und -maklers und wurde als Jüngling in die Lehre bei seinem Onkel Gregorio Lazzarini geschickt, der Maler war. Bald machte er sich selbstständig und legte als 21-Jäh-riger seine Meisterprüfung ab. In jungen Jahren beeinfluss-ten ihn die Kunst Piazzettas und Riccis, doch avancierte er rasch selbst zum begehrten Maler, der große Aufträge im In- und Ausland bekam. Er arbeitete nicht nur in Venedig, Udine und Vicenza, sondern auch in Spanien und in Deutschland, wo er in der Würzberger Residenz ein Deckenfresko schuf, das als sein Hauptwerk gilt. Er war damit neben dem großen Tizian der einzige bedeutende ita-liensche Maler, der in Deutschland seine Spuren hinterließ. Zwei seiner Söhne wuchsen zu seinen künstlerischen Mitarbeitern heran, von denen vor allem Giandomenico einen eigenen Stil entwickelte.

Sein Werk wird in fünf Schaffensphasen eingeteilt: Von der Frühphase von 1715 bis 1730, in der er hauptsächlich in Venedig und in Udine wirkte, bis zur Phase der Alterswerke, wo er in Madrid arbeitete und miterleben musste, wie er sich gegen den immer beliebter werdenden Klassizismus seines deutschen Konkurrenten Anton Raphael Mengs, des Hofmalers, nicht mehr durchsetzen konnte – manche seiner Werke wurden nicht einmal mehr ausgestellt. Schließlich fehlte ihm sogar die Kraft, nach Hause, nach Italien, zurück-zukehren und so verstarb er 74-jährig fern der Heimat in Madrid.

Seine Arbeiten sind opulent und dekorativ, er erzählt von Helden, Göttern und Engeln. Mit seinem einzigartigen Stil steht er für eine ganze Epoche – und niemand reichte an ihn heran, denn zwar glänzten auch andere Künstler mit der einen oder anderen hervorragenden Malqualität, doch nur Tiepolo selbst brachte alle hervorragenden Eigenschaften unter einen Hut, die seine Werke so einzigartig sein lassen. Er macht nicht nur die schweren barocken Vorgänger ver-gessen, sondern setzt auf transparente Farbigkeit und über-aus große Leichtigkeit und Lebendigkeit. Liebevoll führt er

> Details aus und auch sein Humor ist in manchen seiner Werke unübersehbar – und er war der Erste, der den göttlichen Himmel näher heranholte und ihn „menschlicher" erscheinen ließ.

Der Palazzo Patriarcale und der berühmte Engelssturz

Gerüstet mit diesem Wissen geht es jetzt zur Piazza del Patriarcato und dem erzbischöflichen Palast, der nicht so ganz im Zentrum des Geschehens steht, wie man es erwarten würde. Der Grund liegt darin, dass die Patriarchen nach 1420 ihre schöne Residenz auf dem Hügel den Venezianern überlassen mussten, die das pompöse Castello verständlicherweise für ihre eigenen Repräsentationszwecke nützen wollten. Die kirchlichen Fürsten konnten sich zwar mit den Venezianern arrangieren, doch nahmen sie fortan ihr Quartier lieber in San Daniele oder in San Vito al Tagliamento.

Erst 1523 kehrten sie zurück nach Udine, wegen des nach wie vor leicht angespannten Verhältnisses zu den Venezianern blieben sie (oder mussten sie bleiben?) außerhalb des Zentrums, damals sogar außerhalb der Stadtmauern. Heute dient es dem Erzbischof von Udine als Sitz – und als Museum.

Der kleinere Ur-Palast wurde 1708 von Architekt Domenico Rossi so weit ausgebaut, dass er sich mit der etwas zurückversetzten Kirche **Sant'Antonio Abate** und ihrer antiken Tempelfront baulich zusammenschloss. Hier liegt übrigens der für die erzbischöflichen Bauten maßgebliche Patriarch Dionisio Dolfin begraben, das

Palazzo Patriarcale

Wappen der Familie mit den signifikanten Delfinen thront hoch oben auf der Fassade. Die Kirche wird heute nur mehr für Ausstellungszwecke verwendet. Im Palast selbst wurde anstatt der bisher üblichen engen Treppenläufe venezianischer Paläste ein offenes Treppenhaus verwirklicht, das für diese Zeiten neu war. Die Decke des Treppenhauses schmückt Tiepolos „La caduta degli angeli ribelli" („Engelssturz"), das mit seinem Entstehungsjahr 1726 ein frühes Werk des Malers ist und eines seiner bekanntesten Gemälde darstellt. Es ist noch im Stil der traditionellen Barockmalerei angefertigt, der Unterarm des am linken unteren Rand fallenden Engels und der Fuß des Dämons rechts sprengen den Bildrahmen, wodurch man meint, die Szene „falle" in den realen Raum.

Das Diözesanmuseum und die Tiepolo-Galerie

Seit 1995 ist im ersten Stock des Palazzo das „Museo Diocesano e Gallerie del Tiepolo" mit einem Bestand von 700 Werken eingerichtet. Die erste Etage widmet sich wertvollen Holzarbeiten aus dem 13. bis 18. Jh., vom Schnitzaltar des Domenico da Tolmezzo bis zur heiligen Euphemia, dazu gibt es Goldschmiedekunst, die Gemäldegalerie und die Glasmalereien zu sehen.

Engelssturz

Im zweiten Stock befindet sich die erste öffentlich zugängliche Bibliothek Friauls, die hier vom Patriarchen Dolfin 1711 eingerichtet wurde und daher auch **Dolfiniana** genannt wird. Sie besticht mit kunstvoll geschnitzten Bücherre-

„Rahel verbirgt die Idole"

galen und circa 10 000 Werken. Zensuriert wurde auch damals schon: Bei der Auswahl hatte man nämlich Bedacht darauf genommen, dass sie nicht nur den Kirchenmännern, sondern auch der Öffentlichkeit zur Verfügung stehen würde!

Die „Sala azzurra" hält als besondere Sehenswürdigkeit sogenannte Grotesken von Giovanni da Udine bereit – ein Dekorationsstil der italienischen Renaissance, der wie zarte Spitze wirkt. Die „Sala gialla" glänzt mit schneeweißen Stuckaturen auf goldenem Grund, welche die drei theologischen Tugenden Glaube, Nächstenliebe und Hoffnung darstellen. Naheliegend, dass es neben dem blauen und dem gelben einen roten Salon gibt – die „Sala rossa" folgt als nächstes und war Sitz des kirchlichen Gerichtes. Passend zu seiner ursprünglichen Bestimmung als Gerichtssaal hat Meister Tiepolo hier das „Urteil des Salomon" auf die Decke gezaubert, flankiert von vier Propheten. Lauter ehrwürdige Kirchenmänner, alle ihres Zeichens Patriarchen von Aquileia, warten im Thron- oder Porträtsaal. 117 Herren in roten Prunkgewändern schauen auf den Besucher herab, teils von Tiepolo selbst verewigt – jeder Erzbischof von Udine findet nach Ende seiner Amtszeit hier sein Plätzchen.

An den Thronsaal anschließend betritt man die **Galleria degli ospiti** – Gästegalerie genannt, weil diese Räumlichkeiten ursprünglich dem Zweck dienten, Gäste gebührlich zu empfangen, die auf eine Audienz im Thronsaal warteten. Auch sie wurde vom Patriarchen Dionisio Dolfin in Auftrag gegeben, und weil sich die Zusammenarbeit des Baumeisters mit dem aufstrebenden venezianischen Künstler Giambattista Tiepolo schon bewährt hatte, wurde dieser verpflichtet, die Gästegalerie standesgemäß zu verschönern. Dies tat er zwischen 1727 und 1728. Es entstanden Szenen aus den alttestamentarischen Geschichten von Abraham und Jakob mit einem großen zentralen Fresko: „Laban sucht nach den Götterbildern." Die Geschichte dahinter: Rahel, hier ganz in Stile einer venezianischen Patrizierin gekleidet, hat ihrem Vater, einem Viehzüchter, Götterbilder entwendet, die sie bei seinem Besuch versteckt hält. Einen näheren Blick sollte man auf Jakob werfen, das ist der bartlose junge Mann, dessen Augen auf den Betrachter gerichtet sind: Da schaut uns der 31-jährige Tiepolo unmittelbar an, er hat sich hier mit einem Selbstbildnis verewigt. Es ist der erste große Freskenzyklus des jungen Künstlers, entstanden nach dem Treppensturz, und zeigt nun seinen besonderen Stil und seine einzigartige Meisterschaft.

Museo Diocesano e Gallerie del Tiepolo
Piazza Patriarcato 1
Tel. +39 0432/25003
www.musdioc-tiepolo.it

Öffnungszeiten:
Montag bis Freitag 9– 18 Uhr, Samstag, Sonntag und Feiertage 9– 19 Uhr. Ticketverkauf bis eine halbe Stunde vor Schluss. Vollpreis Erwachsener € 5. FVG Card akzeptiert. Weitere Info: www.udinecultura.it

Der Giardino Ricasoli und seine Denkmäler

Wenn Sie die Kunst und ihre Herrlichkeit erst verarbeiten müssen, dann entspannt ein Spaziergang im Grünen. Gleich gegenüber wartet der Giardino Ricasoli, ein circa 9 000 Quadratmeter großer Park mit Brunnen und beeindruckenden Bäumen wie Eiche, Zeder und Mammutbaum – man glaubt kaum, dass er einst ein ganz profaner Gemüsegarten war. Man sagt, seine Hügel seien durch den Aushub der Roggia di Palma entstanden, die hier vorbeiplätschert und malerisch von Enten und Schwänen bevölkert wird.
Im Giardino befindet sich das heroische Reiterdenkmal des Königs Vittorio Emanuele II., das vor dem Fall der Monarchie auf der Piazza Libertà (die damals nach dem König benannt war) seinen Ehrenplatz hatte und danach in den Park ausweichen musste. Auf einer historischen Säule, die den Brand der Loggia del Lionello 1876 überstanden hat, thront die Büste von Giuseppe Mazzini, einem Politiker und Akti-

visten, der für ein freies und geeintes Italien eintrat – ein Geschenk von Auswanderen, die in Argentien ihre neue Heimat gefunden hatten. Eine Minervastatue aus 1820 sollte noch Gesellschaft von Apollo und Merkur bekommen, doch wurde das Projekt eingestellt. Am Rande gibt es Platz für die Büste des Rechtsanwalts und Politikers Giuseppe Girardini, vor der Kirche Sant'Antonio Abate für jene des Poeten und Dramaturgen Giuseppe Ellero.

Tiepolo & Sohn zum Kennenlernen

Nicht immer muss es so viel Kunst und Pomp auf einmal sein … Quasi zum Kennenlernen gibt es eine übersichtlichere, „handlich verpackte" Dosis des alten Meisters Tiepolo. Wenn Sie im Zentrum in der Nähe des Doms sind, dann sehen Sie sich nach dem **Oratorio della Purità** um. Dieses kleinere Gebäude in unmittelbarer Nachbarschaft des Gotteshauses (mit Blick zum Dom rechts davon) war ursprünglich weltlichen Vergnügungen gewidmet – es war ein Theater, gegründet von der Familie Mantica, in dem sich die Vornehmen der Stadt bei Goldonis Komödien köstlich unterhielten. Damit war es vorbei, als der Patriarch beschloss, dass dieser dem Dom so nahe Ort würdigeren Zwecken dienen sollte als dem schnöden weltlichen Amusement: Junge Mädchen sollten hier fortan ihre christliche Unterweisung erhalten! 1757 wurde das Gebäude nach Plänen von Luca Andrilis also für den Gottesdienst umgerüstet, und Tiepolo bekam den Auftrag, das Innere auszuschmücken. Zusammen mit seinem Sohn Giandomenico schaffte er dies innerhalb eines einzigen Monats und schuf trotzdem ein Meisterwerk: der Vater konzentrierte sich auf die Decke mit Marias Himmelfahrt samt Engelsbegleitung sowie auf das Altargemälde mit der jungfräulichen Maria, der Sohn widmete sich inzwischen den Wänden, die auf Wunsch des Patriarchen belehrende Szenen mit Kindern und für Kinder vermitteln sollten. Auf goldenem Hintergrund geben sie sich zurückhaltend in Weiß und Grauschattierungen und bestechen mit einer unglaublichen Plastizität. Die Fresken kamen in den Kriegsjahren und später durch Wassereinbruch zu Schaden, wurden aber in mehreren Durchgängen restauriert – zuletzt 1995. So bekommt man in diesem bezaubernden kleinen Gotteshaus ganz unkompliziert und kostenlos einen schönen Eindruck vom Werk des Meisters und seines Sohnes fast im Vorübergehen. Sollte das Oratorio versperrt sein, erhalten Sie den Schlüssel in der nahen Domsakristei!

Ein Mönch aus Udine bekehrt die Chinesen

Wenn wir uns schon in der Domgegend aufhalten, schauen wir doch bei der nahen Kirche **San Francesco** vorbei, zu der wir über die Piazza Girolamo Venerio im Süden gelangen. Dieser Platz ist benannt nach einem hervorragenden Udineser Wissenschaftler des frühen 19. Jhs., dient heute als unterirdische Garage und wartet mit keinen besonderen Reizen auf – wäre da nicht die Kirche des heiligen Franzikus, die dem kahlen Platz ihre Rückseite entbietet. Sie ist eine der ältesten Kirchen der Stadt, die Ende des 13 Jhs. gemeinsam mit dem dazugehörigen Franziskanerkloster erbaut wurde. Natürlich hat auch sie in dieser langen Zeit Zerstörungen und Erweiterungen gesehen, zuletzt hat der Zweite Weltkrieg einigen Schaden angerichtet, der aber wieder stilgerecht behoben wurde. Sie wirkt mit ihren steineren Mauern schlicht, aber kraftvoll und würdig, so wie es für die Kirchen dieses Bettelordens vorgesehen ist. Das Innere birgt einen hohen Raum mit offenem Dachstuhl und sehenswerte Reste von Fresken aus dem 13. Jh., doch dient sie heute nicht mehr als Gotteshaus, sondern als Ausstellungszentrum. Zu diesem Kloster gehörte auch ein Mönch, der in der ersten Hälfte des 14. Jhs. als Missionar Chinas bekannt wurde – der **heilige Odorico**, der als Oderich von Portenau (Odorico di Pordenone) aufbrach, um Gottes Wort in Persien, Indien, auf den Philippinen und in China zu verkünden und seine Erfahrungen in einer berühmten Schrift dokumentierte. Gute zehn Jahre war er unterwegs, allein drei Jahre verbrachte am Hof des Kaisers von China. Begraben

Chiesa San Francesco

ist er allerdings nicht in dieser Kirche, sondern in der Kirche **Madonna del Carmine** am Ende der Via Aquileia, wo sich auch die Porta Aquileia befindet.

Die Piazza Venerio und der *Crudel Zobia Grassa*

Die Piazza Girolamo Venerio entstand wie die *Piazza XX Settembre* durch den Abriss eines Palastes – in diesem Fall war es der Palazzo Savorgnan, der 1549 dem Erdboden gleichgemacht wurde. Auch hier hatten die venezianischen Herren der Stadt entschieden, dass die Untaten eines gewissen Antonio Savorgnan, der an den blutigen Geschehnissen des *Crudel Zobia Grassa* („Grausamer Fetter Donnerstag") von 1511 ursächlich beteiligt war, auch durch die Zerstörung seines Palazzos gesühnt werden solle. Niemals wieder sollte jemand an dieser Stelle bauen dürfen.

Der 27. Februar 1511 ging als grausamer Volksaufstand und als Kriegsgemetzel in die Geschichte ein, bei dem vom aufgestachelten, verarmten und Hunger leidenden Mob unzählige Adelige hingeschlachtet wurden und die Mörder in den Kleidern der toten Herren in einem makabren Faschingsumzug durch die Stadt zogen. Als Drahtzieher galt der gerissene Antonio Savorgnan, zwar selbst Adeliger, doch schaffte er sich damit einen Großteil seiner politischen Rivalen vom Leibe. Savorgnan wurde später im Exil ermordet, seinen Palast in Udine ereilte oben erwähntes Schicksal: er wurde abgerissen.

So ist der Ort nun leer und dient als schnöder Parkplatz. Doch das Wissen, dass hier einst der Palast der Savorgnans gestanden hatte, ließ so manchen aufhorchen, der sich näher mit dem Ursprung von Shakespeares Romeo und Julia beschäftigte. Als sicher gilt jedenfalls, dass Luigi da Porto (1485–1529), ein blaublütiger Schriftsteller aus Vicenza, mit seiner Novelle „Romeo und Julia" die Vorlage für Shakespeares Drama schrieb. Wodurch da Porto inspiriert wurde, darüber wird heftig gestritten, und in einer dieser Meinungen kommt nun auch Udine ins Spiel.

Romeo und Julia aus Udine

Demnach hat de Porto (tatsächlich mit den Savorgnans verwandt) selbst mit seiner jungen Cousine Lucina eine dem Drama sehr ähnliche Liebesgeschichte erlebt, die er in einer Novelle verarbeitete – mit neuen Schauplätzen, Namen und Zeitrahmen. Sicher ist auch, dass die zwei Linien der Savorgnans, denen die beiden Liebenden angehörten, zu jener Zeit untereinander wild zerstritten waren: die Zamberlani waren pro-venezianisch, die Strumieri hingegen hielten es mit der österreichisch-ungarischen Monarchie. Jedenfalls verliebte sich da Porto auf einem Maskenball im Udineser Palast der Maria Savorgnan in seine schöne Cousine aus dem verfeindeten Familienzweig, und diese erwiderte seine Gefühle. Sie mussten natürlich ihre Liebe geheim halten und gerieten in die Turbulenzen des legendären *Crudel Zobia Grassa* des Jahres 1511, an dem ein Savorgnan heftig mitgezündelt hatte.

Die Novelle des da Porto nahm zwar einen anderen Verlauf als bei Shakespeare – bei Ersterem überlebten die Beteiligten, doch Lucina heiratete einen anderen. Jedenfalls entsprechen die örtlichen Gegebenheiten in Udine perfekt jenen in Shakespeares Drama: der Palast der Savorgnans auf ebendieser Piazza Girolamo Venerio liegt in umittelbarer Nachbarschaft zum Fransizkanerkloster, in dem sowohl Julia und als auch Lucina Zuflucht bei ihrem Pater suchten.

Wer da Portos Novelle nachlesen möchte, hier der Originaltitel des 1530 erschienen Werkes: „Historia novellamente ritrovata di due nobili amanti" – Neu entdeckte Geschichte zweier adeliger Liebender!

Neben der ehrwürdigen Kirche in der Straße Largo Ospedale Vecchio liegt breit und mächtig der Justizpalast, der mit seiner Ziegelbauweise dem Baustil der Kirche angepasst wurde.

Wagen wir uns noch weiter stadtauswärts? Einer der antiken Borghi der Stadt hält da noch Vielversprechendes bereit – die paar Schritte zur Piazza Giuseppe Garibaldi und dann weiter in die Via Grazzano lohnen die Mühe!

F. Im Borgo Grazzano `

Von der Piazza Giuseppe Garibaldi bis zum **Piazzale Cella** erstreckt sich die „Hauptstraße" des Viertels, die Via Grazzano. Ursprünglich war es ein Dorf, in der sich die Gerbereien und Spinnereien angesiedelt hatten, dann rückte das Holz und noch später, im 19. Jh., die Eisenverarbeitung in den Vordergrund. Ein emsiges, produktives Viertel jedenfalls, das die Udineser auch Grizzan nennen oder auch *Borc dai crotârs* in Erinnerung an jene Zeiten, als hier noch die Froschfänger zugange waren, die die flinken Amphibien an der Roggia und in den Gewässern des niedrig liegenden Viertels als willkommene Bereicherung des Speisezettels fingen. Noch heute wird hier Anfang Mai ein Fest der Frösche, die *Sagra dai crotârs*, begangen, bei dem die Straße für den Verkehr gesperrt wird und neben dem gastronomischen Vergnügen mit allerlei Froschgerichten ein kleiner historischer Umzug und eine amüsante Froschlotterie im Mittelpunkt stehen.

Die Frösche sind verschwunden, ebenso das meiste vom offenen Lauf der Rogge. Beim nicht allzu großen, aber auffällig sorgsam restaurierten **Palazzo Giacomelli** fließt allerdings noch ein Stückchen überirdisch, den Eingang flankierend – eine lebendige Erinnerung an alte Zeiten. Und bei diesem ansehnlichen Palazzo sind wir auch schon bei der Hauptsehenswürdigkeit des Viertels angekommen, dem Museo Etnografico del Friuli, das hier sein Quartier aufgeschlagen hat.

Museo Etnografico del Friuli ───────────────

Zwei Stunden können Sie hier leicht verbringen, wenn Sie etwas näher eintauchen wollen in die Geschichte von Land und Leuten. Dies ist ein Ort, der das Leben der Menschen von früher wieder lebendig werden lässt – anhand von Gegenständen, die ihren Alltag bestimmt haben, bei der Arbeit und in der Schule, bei Handwerk und Kunsthandwerk, zu Hause und in der Kirche.

Seit 2010 residiert das Museum im sienaroten Palazzo Giacomelli, der um 1500 erbaut wurde und den Namen jener Familie trägt, die zuletzt darin wohnte – die Giacomelli.

Es ist somit Nachfolger des ursprünglichen „Friulanischen Museums für Volkskunst und Tradition" des Gaetano Perusini, eines 1977 verstorbenen Dozenten für Volkskunst an der Universität von Triest, der auch gemeinsam mit der Künstlerin Lea d'Orlandi einen Großteil der Ausstellungsstücke zusammengetragen hat. Anhand der vielfältigen Exponate lässt sich das Leben in früheren Zeiten nachvollziehen: Gegenstände des täglichen Lebens, Fortbewegungsmittel wie alte Räder, Kleidungsstücke, Schmuck, Masken, Gerätschaften und Werkzeuge, Musikinstrumente, Spielsachen und vieles mehr führen dem Besucher die traditionelle friulanische Lebensweise vor Augen.

Die Präsentation ist modern, klar und ansprechend gestaltet. Das Erdgeschoss widmet sich den Themen Feuer samt dem Fogolar, den Riten des Jahres und den Künsten, die aus dem Feuer entstehen. Im ersten Stock faszinieren unter anderem die Themen Mobiliar (z. B. wird der originale Speisesaal Perusinis mit kunstvoll handgeschnitzten Möbelstücken gewaltigen Ausmaßes ausgestellt), Religion, Gesundheit, Musik und Spiele. Der dritte Stock widmet sich der Bekleidung, vom Spinnen und Weben bis zur typisch friulanischen Kleidung mit wunderschönen Ausstellungsstücken von kostbaren Trachten, Tüchern, Kopfbedeckungen, Pantoffeln und Schuhen.

Museo Etnografico

Neben der Sammlung „Gaetano Perusini – Lea d'Orlandi", die sich vor allem mit der Entwicklung des Brauchtums und deren Dokumentation beschäftigt haben, stellt die Sammlung „Luigi und Andreina Ciceri" den anderen Löwenteil der Exponate. Die Ciceri, ein Ehepaar und Gelehrte der Literaturwissenschaften und der traditionellen friulanischen Volkskünste, interessierten vor allem die religiösen lokalen Traditionen. Luigi Ciceri war übrigens mit Pier Paolo Pasolini befreundet, dem ja die friulanische Sprache ein Herzensanliegen war, und Ciceri veröffentlichte nach Pasolinis Tod dessen auf Furlanisch (*Furlan*) geschriebenes Drama „**I turcs tal Friul**".

Neben der Dauerausstellung auf drei Ebenen laufen interessante temporäre Ausstellungen mit wechselnden Themen und Schwerpunkten. Dazu gibt es manchmal Gratisführungen, nach denen man sich erkundigen sollte.

Palazzo Giacomelli
Via Grazzano 1
www.udinecultura.it
Öffnungszeiten: Täglich außer Montag von 1. Oktober bis 30. April 10.30–17 Uhr und von 1. Mai bis 30. September 10.30–19 Uhr. Vollpreis Erwachsener € 5. FVG Card wird akzeptiert.

Natürlich hat auch dieser Borgo seine Kirche, hier ist es die **Chiesa San Giorgio** bald nach dem Museum, die ursprünglich nur ein Kirchlein war, das schnell zu klein wurde und 1780 in neuer Form wieder für den Gottesdienst geöffnet wurde. Und im Inneren gibt es – nomen est omen – ein Bildnis vom heiligen Georg beim Drachentöten (aus dem 16. Jh.) zu bewundern.

Kleine Geschäfte, etwa feine Pasticcerie wie Gramola und gut sortierte Gemüseläden wie Fasano, säumen den Weg, die vielen schmalen Seitengassen, die von der Via Grazzano abgehen, tragen noch ihre ursprünglichen Namen wie Vicolo da Paradiso, Pangrasso oder Schioppettino und enden nicht selten als Sackgasse.

Da und dort eröffnen sich wahrhaft romantische Ausblicke – oder besser gesagt Einblicke, nämlich in malerische Hinterhöfe, gepflasterte Gassen mit Straßenlaternen, auf blumengeschmückte Balkone oder ziegelgemauerte Türmchen.

Wie es sich gehört, darf auch hier eine uralte und urtypische Osteria, in der sich Gruppen von älteren Männern, aber auch junges Volk zum Pläuschchen trifft, nicht fehlen – in diesem Fall nennt sie sich „Osteria Al Fari Vecjo", zum Alten Schmied, und ist schon von Weitem an dem schön geschmiedeten Straßenschild erkennbar. Die Straße mündet schließlich in den weiten Piazzale Cella, dessen Hauptattraktion eindeutig das legendäre „Da Pozzo" (Zum Brunnen) neben dem Hotel San Giorgio ist. Urige Holzfässer vor der Tür, die als Tische dienen, lassen keinen Zweifel offen, hinter welcher Fassade sich die beliebte Osteria verbirgt. Ein Brunnen also als lohnender Endpunkt der Exkursion – hier lässt sich unter Einheimischen ein *Taj* und ein Teller feinsten Prosciuttos genießen, oder was immer der Wirt an speziellen Köstlichkeiten bereit hält. Die Pause ist jetzt wohlverdient!

G. In der Welt des Theaters

Castello, Kirchen, Museen – alles wunderbar, aber was ist mit der darstellenden Kunst in dieser Stadt? Haben wir das Theater oder die Oper übersehen?

Wir machen uns auf die Suche – und werden zumindest im 17. Jh. fündig: Eine der mächtigsten Familien, die Mantica, hatten gleich neben dem Dom ein schmuckes, kleines Theater gegründet, das seine Besucher mit den Komödien und Schauspielen der Zeit unterhielt (siehe auch „Oratorio della Purità" auf Seite 78). Goldoni etwa war besonders angesagt damals. Doch ein gestrenger Patriarch (jener Dolfin, der sich beim Bau des erzbischöflichen Palastes seine Meriten verdiente) war der Meinung, dass profanes Amusement neben der Heiligkeit des Domes nichts verloren habe und funktionierte es zu einer heiligen Stätte um, an der junge Mädchen sich mit den christlichen Tugenden vertraut machen konnten bzw. mussten. 1754 war damit die Karriere des Theaters beendet.

Der Mittelpunkt von Kultur und Gesellschaft wanderte weiter, in die damalige Via dei Teatri – heute die **Via Bonaldo Stringher**. Dort wurde ein ellipsenförmiger Bau 1770 seiner Bestimmung als Theater- und Kulturhaus übergeben, wo in den folgenden Jahren neben Opern und Konzerten auch glänzende Ballveranstaltungen und Feste stattfanden. Im **Teatro Sociale** war sogar die europäische Hocharistokratie zugegen – von Napoleon bis zu den Habsburgen. Als einer der Höhepunkte ging der Besuch des italienischen Königs Vittorio Emanuele II. in die Geschichte ein, der einer Aufführung des „Maskenballs" beiwohnte. Eine katastrophale Feuersbrunst setzte dem vergnügten Treiben im Teatro Sociale im Dezember 1911 ein jähes Ende. Es wurde wieder aufgebaut und erhielt einen neuen Namen: benannt nach Giacomo Puccini, dessen brillantes Opernwerk die Udineser ganz besonders in ihr Herz geschlossen hatten. Doch das **Teatro Puccini** war nicht die einzige Bühne in jener Zeit, da war noch das **Teatro Minerva**, das 1500 Besucher fassen konnte und damit das weit größere der beiden war. Es wurde 1856 eingeweiht und widmete sich weniger den Opern als den Sprechstücken und Schauspielen, und es fanden auch Bälle und Vorstellungen von Akrobaten und Kunstreitern statt. Heute sind beide nur mehr Objekte der Erinnerung: Das Minerva ging 1917 im Zuge der Kriegswirren in Flammen auf, das Puccini wurde 1963 geschleift. Damit war es in Udine vorbei mit der Theaterherrlichkeit – zumindest für lange Zeit, genauer gesagt für ganze 34 Jahre!

Erst 1997 war es dann wieder so weit: Das **Teatro Nuovo Giovanni da Udine** wurde in der Via Trento, östlich der Piazza I° Maggio, aus der Taufe gehoben, in moderner Architektur, mit himmelwärts zeigenden Glasfronten und verschachtelten Bauelementen. Nun hatten Oper, Ballett und Schauspiel wieder eine Heimat, sahen die Udineser wieder dem Schwan beim Sterben zu und lauschten dem Triumphmarsch in Aida. Berühmte Dirigenten wie Riccardo Muti führten Orchester wie die Berliner Symphoniker zu Höchstleistungen und auch Vetreter der leichten Muse fanden und finden den Weg in diesen modernen Tempel der Kunst. Miriam Makeba war hier, Al Di Meola brillierte auf seiner Gitarre und Cesaria Evora sang ihre wehmütigen Hymnen von den fernen Kapverden. Das neue Theater bietet in seinem Programm eine enorme Bandbreite an – von Konzerten, Opern, Operetten und Tanz bis zum Schauspiel. Und es geht auch auf Reisen, beispielsweise nach Villach, wo das Udineser Ensemble Tanz und Musik zum Besten gibt.

Fondazione Teatro Nuovo Giovanni da Udine
Via Trento 4
Tickets unter Tel. +39 0432/248418
www.teatroudine.it

Teatro Nuovo Giovanni da Udine

Montasio

Von Friulano, Trippe, Musèt und Broade

Wenn beim Einkaufen oder auf dem Kulturtrip der Magen zu knurren beginnt, haben Sie mehrere Möglichkeiten: Sie begeben sich schleunigst in eines der Beiseln (Kneipen) – ob es sich nun Bar, Enoteca oder Osteria nennt – und laben sich im Stehen an den köstlichen kleinen „Schweinereien", die es in Form von *Stuzzichini, Crostini, Grissini* und dergleichen gibt. Oder, als Alternative, wenn Sie es sich an einem Tisch gemütlich machen wollen: Sie kehren in eine der unzähligen alten Osterias ein, die es im Stadtzentrum von Udine gibt, und auf die die Udineser durchaus stolz sind – und tauchen damit in die Deftigkeiten der friulanischen Küche ein! Manchmal gehört auch eine Portion Unternehmungslust dazu, sich in die dunklen Stuben und an die abgewetzten Tresen der historischen Lokale sowie an die Bodenständigkeit der hiesigen Kochkunst zu wagen. Aber es gehört zum echten Kennenlernen der Stadt einfach dazu und sollte also nicht versäumt werden.

Damit Sie eine Vorstellung davon bekommen, was Sie erwartet, hier vorweg ein paar Worte zu den Eigenheiten dieser Küche. Die udinesische Küche ist friulanische Küche, aber friulanische Küche – das ist nicht schlichtweg italienische Küche. Obwohl: Pasta und Risotti, Gnocchi, Suppen, Gemüse, Fisch und Fleisch, all das trifft man auch auf friulanischen und damit auch udinesischen Tellern. Und doch gibt es viel Spezielles: Zum Gesamtkunstwerk der italienischen Küche leistet die friulanische einen eher deftigen und einfachen Beitrag. Besonders die karnische Küche, die sich unübersehbar in den Töpfen der Provinzhauptstadt wiederfindet, ist – bedingt durch die Armut und die rauen Lebensumstände in den Bergen – besonders gehaltvoll, einfach, aber überaus geschmackvoll und hat längst in die Küchen der Stadt Einzug gehalten. Milch, Almkäse, Garten- und Wildkräuter, Pilze, Nüsse und Beeren liefern die authentischen Zutaten. Ebenso begehrt sind die Lebensmittel aus den Bergen des Tarvisiano, wo z. B. der begehrte „Montasio", ein würziger Kuhmilchkäse in allen Reifegraden, hergestellt wird.

Musèt, eine Wurst aus den minderwertigen Teilen des Schweines, sowie *Broade* (auch *Brovada*, *Brùade*) aus sauren Rüben und meist als Beilage gereicht, sind typische Beispiele einer Bauernküche, die in ganz Friaul serviert werden. Auch die Teigwaren der karnischen Region finden sich in den Osterias Udines wieder: die ravioliartige Pasta namens *Cjarsons, Cjalzons* oder auch *Cialzons* gibt es in süß oder pikant – ähnlich wie die Kärntner Nudeln, die von Topfen bis zu Kletzen allerlei Varianten als Fülle aufweisen. Die Cjarsons sind allerdings kleiner als ihre dicken Kärntner Schwestern.

Parallelen zu den Nachbarn gibt es ebenfalls beim *Frico*, der in verwandter Form in Kärnten als Frigga und in Slowenien als Frika existiert und ein besonders herzhafter Beweis alpiner Deftigkeit ist. *Frico con polenta*, das muss man sich einmal gönnen! Dafür gibt es jede Menge Rezepte und Varianten, mit Kartoffeln oder ohne. Im Prinzip geht's dabei aber immer um knusprig gebratenen Käse – im Idealfall natürlich mit dem geliebten Montasio.

Ein Frico-Rezept

Den klein geschnittenen Käse in einer beschichteten, mit Öl ausgepinselten Pfanne langsam schmelzen. Etwa 15 Minuten auf mildem Feuer köcheln, dabei ständig mit dem Kochlöffel in Form einer Acht rühren, damit sich der Käse nirgendwo ansetzt und bitter wird. Dabei wird zunächst das Fett ausgelöst, nach einiger Zeit geduldigen Rührens auf mittlerem Feuer verbindet es sich jedoch wieder mit der Käsemasse. Sobald dies geschehen ist, den Frico in eine Schüssel füllen, sie drehen, damit der Käse die Seitenwände überzieht. Nach dem Abkühlen behält er diese Form, man serviert den knusprig-harten Käse mit einer Scheibe gebratener Polenta.

Wer übrigens nach der Kalorienanzahl fragt, ist selber schuld. Die Polenta macht die Sache nicht gerade leichter, aber auch diese beliebte Beilage aus Mais muss man unbedingt probieren, falls sie nicht ohnehin schon Bestandteil des heimischen Menüplans geworden ist. Polenta ist zumindest den Südösterreichern traditionell nicht fremd, man denke nur an den heiß geliebten (oder viel gehassten?) „Sterz" aus Maisgrieß, der in der Nachkriegszeit in vielen Landstrichen einfach dazugehörte. Genauso die Rollgerste, bei uns höchstens als Ritschert oder Graupensuppe üblich, steht im Friaul bzw. Udine ganz hoch im Kurs und wird zu vielfältigen und kreativen Gerichten verarbeitet – *Orzotto* mit Prosciutto, Selchfleisch, Kräutern, Kürbis, Schwammerln und vielem mehr – ein Gericht, das man die Udineser häufig mittags in den Osterias schmausen sieht.

Manch einer aus unseren Breitengraden mag die Vorliebe für *Trippe* gewöhnungsbedürftig finden – es sind die berühmt-berüchtigten Kutteln und eben nicht jedermanns Geschmack, selbst wenn sie in moderner Kreation aufgetragen wird. Im Friaul gehören sie jedenfalls zum guten Ton und stehen auf der Speisekarte auch der gehobenen Gastronomie – und erst recht auf jenen der Osterias.

Weit begehrter als Trippe sind bei Gästen Friauls die exzellenten Schinken des Landes. Aber nicht nur diese, auch Speck, weißer Speck *(Lardo), Ossocollo, Pancetta* und so einiges mehr an Köstlichkeiten versteht man im Friaul auf das Feinste herzustellen. *Salumi* – also Wurstwaren und Schinken – werden übrigens nicht nur als kalter Imbiss (*Spuntino*), sondern auch als perfekter Auftakt

Polenta

für ein Menü serviert, etwa als *Affettato misto* (Aufschnitt) oder als *Salame con aceto* (eine weiche, wenig gereifte Salami, in Essig gegart und meist mit Polenta kombiniert).

Am weitesten verbreitet ist in Udine der *Prosciutto* crudo aus dem nahen **San Daniele**, wo 31 Hersteller an die 2,7 Millionen Schinken, geadelt mit dem Herkunfts- und Gütesiegel, produzieren. Ein San Daniele-Schinken wird nicht geräuchert, sondern luftgetrocknet und reift zwischen 12 und 18 Monaten. Die geschützte Ursprungsbezeichnung DOP vergibt das strenge „Consorzio del Prosciutto di San Daniele". Der fertige Schinken wird weltweit exportiert und ist daher auch bei uns erhältlich. Was aber beim Kauf unbedingt zu beachten ist: er sollte frisch aufgeschnitten werden – Feinschmeckern graut jedenfalls vor der in Plastikschalen vorgepackten Ware, die wer weiß wie lang in der Kühltruhe auf den Käufer wartet. Am besten schmeckt er, wenn man ihn gleich verspeist, sobald die rote Kultmaschine namens „Berkel" ihn in hauchdünne Scheiben zerlegt hat oder er gar meisterlich per Hand geschnitten wurde. In Udines Enotheken und Bars werden gerne Grissini – teils von gigantischem Ausmaß wie im „Buca di Bacco" – damit umwickelt, aber auch auf Weißbrot oder vom Teller genossen ist er einfach eine Delikatesse.

Diese Gebrauchs- bzw. Genussanleitung gilt natürlich genauso für Rohschinkenprodukte anderer friulanischer Provenienz, denn nicht nur in San Daniele werden Schinken produziert, wenn auch nur dort in diesen Mengen. Einen Namen gemacht hat sich längst das Bergdorf **Sauris** in der Carnia, in dem die Fa-

milie Wolf exzellente Schinken-, Speck- und Wurstprodukte erzeugt. Der Großteil dieses wunderbaren, süßlichen Schinken trocknet über ein Jahr in der würzigen Bergluft, die ihm das besondere Aroma verleiht, ein Teil davon wird mit Buchenholz geräuchert. Prosciutto aus Sauris findet man in Delikatessenläden und auf der Speisekarte der Osterias in Udine, die ihn bevorzugt als Antipasto gemeinsam mit dünnen Speckscheiben (vom weißen Lardo) und Ossocollo auftischen.

Aus **Cormòns** kommt die Schinkenspezialität des Lorenzo D'Osvaldo, die am seltensten offeriert wird (z. B. in der „Tavernetta"), sind die Produktionsmöglichkeiten des Meisters vom Monte Quarino doch eher begrenzt. Er beschränkt sich auf 2 000 Keulen pro Jahr – da braucht man fast schon gute Beziehungen, um seine eigenen Gäste zu Hause mit dieser über Kirschholz und Lorbeer geräucherten Rarität verwöhnen zu können. Also aufgepasst, wenn *Prosciutto crudo di Cormòns* angeboten wird – dahinter versteckt sich dann Erlesenstes, das zu kosten man nicht versäumen sollte!

Auch Schinken in der gekochten Form *(Prosciutto cotto)*, der unwiderstehlich duftend mit frischem Kren auf ein knuspriges Weißbrot getürmt wird, ist sehr beliebt und wird z. B. im „Al Fagiano" in der Via Antonio Zanon gereicht.

Übrigens: Wenn Sie den idealen Weinbegleiter für Prosciutto suchen, dann setzen Sie auf den Friulano – oder wenn Sie den lokalen Wirten eine Freude machen wollen, bestellen Sie denselben Wein als Tocai oder Tocai Friulano! (Mehr zum Namensstreit auf Seite 100.)

Und mit den fleischlichen Genüssen gehen wir zur Hauptspeise über: der *Fogolar*, eine offene Feuerstelle im Raum, die meist einen prominenten Platz in der Gaststube einnimmt, ist Entstehungsort vieler köstlicher Fleisch- aber auch Gemüsegerichte, und vor allem im Winter heimeliger Mittelpunkt des Geschehens. Der Fogolar ist ein deutliches Indiz dafür, wie man im Friaul das Fleisch am liebsten isst – nämlich ganz ehrlich und einfach kurz gebraten und am besten direkt vom Rost! Das darf dann eine köstliche *Tagliata* sein – meist ein Entrecôte (*Costata*), aber auch andere gschmackige und nicht zu klein geratene Gustostücke vom Rind bis hin zur Bistecca fiorentina –, das mit Rosmarin oder Rucola bestens harmoniert und zunächst im Ganzen am Fogolar seiner Vollendung entgegenschmort, um dann in tellergerechte Scheiben aufgeschnitten (*tagliare* = schneiden) zu werden. Aber auch Gulasch und Ragout sind gut vetreten – ein saftiges *Spezzatino di maiale* wird zur Saison schon einmal mit Steinpilzen aufgepeppt.

Die Friulaner kennen außerdem keinerlei Scheu vor Innereien, wie sie es mit ihrer Liebe zu Trippe beweisen, aber auch Kalbsnieren (*Rognone di vitello*) finden eifrigen Zuspruch. Und *Fegato alla veneziana*, also die Kalbsleber nach venezianischer Art, ist häufig auf der Speisekarte anzutreffen, kein Wunder, bei den engen Beziehungen zu den Venezianern.

Gnocchi alla zucca

Aus dem Rohr kommen köstliche Braten, die förmlich nach der Begleitung herrlicher friulanischer Rotweine rufen, man denke da an *Anatra* (Ente), *Agnello* (Lamm), *Cappone* (Kapaun) oder *Coscia di cervo* (Hirschkeule). Manchmal dürfen die Braten auch in Rotwein „schwimmen", zum Beispiel der *Brasato di manzo al Cabernet* (in Cabernet Sauvignon geschmorter Rinderbraten). Eine typische, bodenständige Spezialität auch das *Bollito misto* – hier kochen die verschiedenen Fleischstücke allerdings nicht in Wein, den muss man schon dazutrinken!

Bleiben noch die *Dolci*, die oft etwas zu kurz kommen – sei es, weil die Bäuche schon gefüllt sind, man einen Happen Käse vorzieht oder das Angebot nicht wirklich berauschend ist. Doch gibt es auch dabei wirklich Feines zu entdecken, das über Cremes, Obst und Eis hinausgeht: Apfelkrapfen, Strudel oder Gubana sind nur einige Beispiele. Dazu gehört jedenfalls ein kräftiger *Grappa*, der mittlerweile über die Grenzen hinaus beliebte Tresterbrand, der den Magen nach dem Mahl ordentlich aufräumt – und auch hier können sich die Friulaner an Auswahl nicht beklagen.

Gubana

AUS DEN SPEISENKARTEN DER OSTERIAS

Antipasti

Sottoli in agridolce (Eingelegtes Gemüse süßsauer)

Lingua salmistrata con mostarda di fichi (Pökelzunge mit Feigensenf)

Salumi (prosciutto, speck, pancetta, ossocollo, lardo) di Sauris

Minestra orzo e fagioli (Gerstensuppe mit Bohnen)

Cjalsòns (Gefüllte Teigtaschen)

Mignàculis con la luagne (Nockerl mit Wurst)

Formaggi di malga (Almkäse)

Lardo al rosmarino (weißer Speck mit Rosmarin)

Primi

Risotto di asparagi e sclopìt (Spargelrisotto mit Leimkraut)

Blecs con la selvaggina (Nudelflecken mit Wildragout)

Gnocchi al ragù di anatra (Gnocchi mit Entenragout)

Gnocchi di spinaci e ricotta (Gnocchi mit Spinat und Ricotta)

Tagliolini con porro e speck (Pasta mit Lauch und Speck)

Secondi

Carpaccio di manzo con rucola (Rindercarpacchio mit Rucola)

Salsiccia oder Cotechino (Bratwurst, Kochwurst)

Frico con polenta (Gebratener Käse mit Polenta)

Pitina (Fleischbällchen)

Rognone di vitello (Kalbsnieren)

Carni alla brace (Gegrilltes Fleisch vom Rost/Fogolar)

Petto di galletto (Kapaunbrust)

Filetto di coniglio (Kaninchenfilet)

Costicine di agnello (Lammkoteletts)

Fegato alla veneziana (Leber auf venezianische Art)

Lenticchie con musetto (Linseneintopf mit gekochter Wurst)

Tagliata al rosmarino (dickes gegrilltes Entrecôte, aufgeschnitten)

Frittata alle erbe (Kräuteromelette)

Toç in braide (Polenta mit Käsecreme)

Verdure alla piastra (Grillgemüse)

Spezzatino di maiale con funghi porcini (Schweinsragout mit

Steinpilzen)

Dessert

Frittelle di mele (Apfelkrapfen)

Biscotti di casa (Keksgebäck des Hauses)

Strucchi (Gebäck gefüllt mit Nüssen, Zucker und Likör, frittiert

oder gekocht)

Mousse alla cannella (Zimtmousse)

Formadi frant (spezieller Käse aus dem Carnia-Gebiet)

Auf einen Tajut Man kann nicht über Udineser Ess- und Trinkgewohnheiten sprechen, ohne eine traditionelle Sitte von beachtlichem gesellschaftlichen Gewicht zu beleuchten, nämlich auf einen *Tajut* oder kurz „*Taj*" zu gehen! Das bedeutet im Grunde nichts anderes, als auf ein unkompliziertes Gläschen, also ein „Stehachterl" zu gehen, wie wir es nennen würden. In verschiedenen italienischen Regionen haben sich für dieses gesellschaftsverbindende Ritual verschiedene Bezeichnungen durchgesetzt, die aber immer dasselbe meinen: In Venedig wird es *Ombra* genannt, weil die Weinhändler vergangener Tage – fern eines Kühlschrankes – danach trachteten, ihre Ware möglichst kühl zu stellen und daher immer dem Schatten nachrückten. In Görz wird ein *Biciére* geordert, aber auch ein *Tajéto*, der mit dieser Bezeichnung der Udineser Variante schon näher kommt. Allerorts führt die Bestellung eines Bianco zu einem weißen Achterl, das Verlangen nach einem Nero resultiert meist in einem Gläschen Merlot, jedenfalls aber wird ein Roter kredenzt.

Woher das Wort Tajut kommt, ist nicht zu hundert Prozent geklärt. Meinen die einen, es komme von *taj* – Schnitt, so vertreten andere die These, es käme von einem Maß für einen Deziliter. Und damit ist man einem Weinglas immerhin schon ziemlich nahe. In Udine wird jedenfalls häufig ein Taj verlangt – vormittags übrigens meist weiß und bevorzugt ein Tocai Friulano, doch je später der Tag, desto eher wird zum Roten gegriffen – meist ein Cabernet Franc oder ein Merlot.

Das Ritual selbst hat sich im Laufe der Zeit verändert: Früher saß man einerseits in den alten, traditionellen Osterias zusammen, quasi im ausgelagerten Wohnzimmer in immer derselben Runde von Stammgästen. Das gibt's auch heute noch, man werfe nur einen Blick in die historische „Os-

teria Grappolo d'Oro" am Weg von der Piazza XX Settembre zum Dom. Seltener geworden ist andererseits der traditionelle *Giro*, bei dem von Kneipe zu Kneipe gezogen wurde und die Runde immer von jemand anderem berappt wurde – so wie es die Spanier mit ihren Tapas-Bars heute noch bis zum Exzess betreiben.

Heutzutage bleiben die Einheimischen also eher in einem einzigen Lokal hängen, genießen den Wein und fachsimpeln darüber – als Weinkenner fühlt sich doch fast jeder. Nicht einmal die Wirtschafts-krise und das eingeschränkte Budget können diese Vorliebe einbremsen – in der Mittagspause und nach der Arbeit ist ein klei-ner Ausflug mit Imbiss und Achterl angesagt, als Aperitif kommen dann auch Modegetränke wie Aperol Spritz ins Rennen. Man trifft sich, man plaudert, man diskutiert, und das nicht immer nur in den Lokalitäten, sondern gerne bis weit auf die Straße hinaus. Je größer die Menschentraube, desto lieber hängt man sich dazu.

Eine sympathische Sitte jedenfalls, der man sich als Besucher gerne anschließt. Um aber nicht als Greenhorn entlarvt zu werden, gehört es zum Pflichtprogramm für jeden für gewissenhaften Udinebesucher, sich über die gängigsten und beliebtesten Weine zu informieren. Hier also eine kurze Einführung!

Fit für Wein Eigentlich nicht ganz korrekt, vom friulanischen Wein zu sprechen – als ob es nur *einen* gäbe! Gerade in Udine, das von den besten Weinbaugebieten des Landes umgeben ist: die Grenzen der **Colli Orientali del Friuli** schließen ihre Hauptstadt sogar mit ein, und der noch berühmtere **Collio** ist nur einen Steinwurf von den Udineser Osterias und Enotheken entfernt, die ihre Regale und Keller fast ausschließlich mit heimischen Weinen bestücken.

Die Friulaner sind stolz auf auf ihre Weine, und das zu Recht. Ihre modernen Tropfen sind nicht mehr so extrem säurebetont wie früher und auch keine Alkoholbomben von 15 Vol.-%, sondern gehen in Richtung Frische, Trinkfluss und weniger Holz. Mehr Finesse und Eleganz kommen auch international gut an. Besonders punkten die friulanischen Winzer mit den autochthonen Sorten – das sind Rebsorten, die im Friaul ihren Ursprung haben und vornehmlich nur hier wachsen. Natürlich gibt es auch reichlich Chardonnay und Sauvignon Blanc, und zwar vom Feinsten – doch die gibt es auf der ganzen Welt. Die Autochthonen, die sind der Trumpf! Wir starten also zu einem kleinen Streifzug durch die Welt dieser typisch friulanischen Sorten, die vornehmlich um Udine angebaut werden:

Autochthone in Weiß:

Friulano oder **Tocai Friulano**: Man kann ihn mit Fug und Recht als den Hauswein der Udineser und überhaupt der Friulaner bezeichen. Früher hieß er einfach Tocai, doch ein kurioser Namensstreit mit den Ungarn hat ihn zum großen Leidwesen seiner Anhänger seinen ursprünglichen Namen gekostet. In einem langwierigen Rechtstreit wurde entschieden, dass nur der – nicht einmal verwandte – süße, schwere ungarische Weiße den Namen Tokaji führen darf. Die frustrierten Italiener hatten das Nachsehen und müssen sich seitdem schweren Herzens an

die Bezeichnung Friulano oder auch Tocai Friulano gewöhnen. Der Friulano ist im Friaul der am weitesten verbreitete Wein, und er ist so recht für den Alltagsgenuss gemacht: unkompliziert, mit wenig Säure, am Gaumen in seiner Idealform fruchtig mit einem Unterton von Bittermandel. Der liebste weiße Tajut der Udineser und aller Friulaner, perfekt zu Prosciutto und jungem Käse.

Ribolla Gialla: Eine uralte und bereits in der Antike angebaute Rebsorte, ist mit seiner zitronenhaften Frische zurzeit auf dem Vormarsch. Meist jung getrunken ist er frisch und kräuterwürzig, er ist perfekt als Aperitif, zu Muscheln und rohem Fisch.

Verduzzo Friulano: Trocken ausgebaut kommt er meist aus der Ebene, im Anbaugebiet Ramandolo bei Nimis nimmt er auch den Namen des Ortes an und kommt als Dessertwein daher – körperreich und nach reifen Marillen oder Pflaume und Kastanienhonig duftend. Zu trockenem Gebäck und zur Gubana!

Picolit: Ein edler Dessertwein, der schon fast ausgestorben war. Selten und teuer wegen des geringen Ertrags und seiner Empfindlichkeit. Ein „Meditationswein", wie es die Friulaner nennen – wenn man etwas dazu essen möchte, am besten reifen Käse und Blauschimmelkäse, trockenes Süßgebäck, Gänseleber.

Collio Bianco: Ein relativ unspektakulärer Name, doch Achtung, dahinter versteckt sich das Beste, was die Winzer des Collio zu bieten haben. Und das ist – auch im internationalen Vergleich – ganz schön viel! Es handelt sich um ein relativ neues Kapitel hiesiger Winzerkunst, doch diese hochklassige Weißwein-Cuvée zählt zu den besten Weißweinen Italiens. Nur Trauben der im DOC Collio zugelassenen Sorten dürfen ins Fass. Für viele Collio-Winzer ist dieser Verschnitt das Aushängeschild der Kellerei, in das sie ihren ganzen Ehrgeiz stecken!

Autochthone in Rot:

Schioppettino, auch **Ribolla Nera** genannt: Auch er gehört zu den Rebsorten, die vor allem wegen der Reblauskatastrophe schon fast das Zeitliche gesegnet hatten, bevor er im nahen Valle di Cialla mit der Schioppettino-Hochburg Prepotto wiederentdeckt wurde. Und zwar in einer modernen Ausbauform, nicht mehr als restsüßer Wein, sondern als eleganter, durchaus eigenwilliger Wein mit einer Basis von Beeren und einer pfeffrigen Note. Köstlich zu Schweinernem, Ragouts und allen kraftvollen Fleischgerichten.

Tazzelenghe: Ob seiner Gerbsäure auch der Zungenbeißer genannt, der sich allerdings im wohlgereiften Zustand gezähmt zeigt. Dieser herbe Kraftprotz mit reichlich Tannin passt bestens zu Schweinernem, aber auch zu Wild und der klassischen „Brovada e musetto".

Refosco dal peduncolo rosso: Die „mit dem roten Stiel" war einst die am weitesten verbreitete Rebsorte Friauls, heute gerne für Cuvées eingesetzt. Er schmeckt erdig und duftet bei guten Exemplaren herb nach Veilchen. Auch er macht sich gut mit rustikalen, schweren Gerichten.

Pignolo: Wieder eine fast ausgestorbene Weinsorte, die 1979 von Walter Filiputti in den Weinbergen der Abbazia di Rosazzo wiederbelebt wurde. Kein Liebling der Winzer wegen seiner unsicheren Erträge, aber ein großer Wein, ein Luxuswein, der sich in seiner besten Ausführung gut struktiert und von markanter Säure zeigt. Für ganz besondere Anlässe zu Federwild, warmem Roastbeef, Lamm …

Internationale Sorten mit Tradition im Friaul:

Darüber hinaus gibt es eine ganze Reihe von internationalen Sorten, die im Friaul angebaut und bevorzugt in Udines Bars getrunken werden – so etwa der **Sauvignon Blanc, Chardonnay, Pinot Bianco** und **Pinot Grigio**. Außerdem könnten Sie auf folgende Weiße stoßen, die sich eines bemerkenswerten Beliebtheitsgrades erfreuen: **Riesling Sylvaner** (unser Müller Thurgau), **Riesling Italico** (Welschriesling), **Riesling Renano** (Rheinriesling), **Traminer** und **Traminer Aromatico** (Gewürztraminer) sowie der aus dem Karst stammende **Malvasia**.

Hat vielleicht jemand einen beliebten Roten auf der Liste der autochthonen Sorten vermisst? Hier ist er: **Cabernet Franc**. Tja, man möchte meinen, er sei ein waschechter Friulaner, so beliebt wie er vor Ort ist. Immerhin ist es dieser eigenwillige Tropfen, den die Einheimschen häufig als roten Taj im Gläschen sehen. Doch ist er eigentlich ein Franzose, den die Friulaner quasi adoptiert haben. Mit seinen deutlichen grasigen Noten mag er unserem Gaumen etwas fremd sein, doch die Italiener lieben ihn!

Der **Merlot** ist eindeutig ein Franzose. Aber einer, der seit 1880 erfolgreich in der gesamten Region Friaul-Julisch Venetien angebaut wird und in seiner einfachen Variante die Taj-Alternative zum Cabernet Franc ist. Weitere beliebte internationale rote Rebsorten sind der **Pinot Nero**, bei uns Blauburgunder, und der **Franconia**, unser Blaufränkisch.

Natürlich gibt es im Friaul ein Pendant zu unserem Sturm (Federweißer, Federroter) – schließlich gibt es auch hier jede Menge Kastanien, die in Kombination damit auf den vielen Dorffesten bestens munden. Hier heißt der erste Vorbote auf den neuen Wein *Turbolino* und ist meist aus Ribolla Gialla. Der *Novello* hingegen ist schon ein richtiger Wein, wenn auch ein junger und ist das friulanische Pendant zum französischen Primeur. Vor dem 6. November ist er tabu, und so wird dieser Zeitpunkt mit Spannung erwartet. Frisch und fruchtig soll er sein, meist aus Merlot, Cabernet Franc und Refosco gekeltert.

Es darf auch mal ein Bier sein

Die bekannte italienische Biermarke Moretti mit dem schnauzbärtigen Biergenießer als Markenzeichen stammt ursprünglich aus Udine – sie wurde 1859, als Udine noch zu Österreich-Ungarn gehörte, von Luigi Moretti als „Bier- und Eisfabrik" gegründet, nachdem er zuvor einen Großhandel auch mit österreichischem Bier geführt hatte. Bis 1989 war sie im Besitz der Familie, die einen Teil ihres weitläufigen Geländes für den Bau eines Sportplatzes und des Tempio Ossario, in dem Kriegsgefallene ruhen, zur Verfügung stellte. Dann wurde das Unternehmen an einen kanadischen Investor verkauft. 1996 wurde die Marke von der niederländischen Heineke-Gruppe übernommen und der alte Stammsitz in Udine aufgegeben, die alte Brauerei am Piazzale XXVI Luglio wurde geschleift. Jetzt wird Moretti-Bier in Mailand produziert und in mehr als 40 Länder exportiert.

Damit wäre bewiesen, dass sich täuscht, wer glaubt, Udine sei nur eine Stadt des Weins. Es hat nicht nur eine lange Tradition in Sachen Bierbrauerei mit dem Namen Moretti, auch die Marke Dormisch ist bzw. war hier beheimatet. Dormisch wurde aber ebenfalls von einem der „Großen", nämlich von Peroni, schon in den 1970er-Jahren geschluckt.

Und, selbst wenn es nur wenige wissen: Sogar heute noch gibt es eine Brauerei in Udine! Mit dem **BIRE – birrificio udinese** am Piazzale Osoppo steht hier die größte Privatbrauerei Italiens (mit angeschlossenem Bierlokal), die es sich auf die Fahnen geheftet hat, Udines große Biertradition fortzusetzen. Verschiedenste Biersorten vom Doppelmalz bis zum Weizen werden gebraut, und zwar an den Produktionstagen direkt vor den Augen der Gäste! (www.bire.it)

... und hier die besten Locations! Mit diesem – vorläufig noch theoretischen – kulinarischen und önologischen Wissen gerüstet, sind wir jetzt bestens vorbereitet für einen praktischen Rundgang durch Udines Gastronomie. Denn so viel ist sicher: Nicht die hochdekorierte Spitzengastronomie regiert in dieser Stadt, hier wird authentisch gespeist, in alten Wirtshäusern, angejahrten Osterias und, wenn schon gehobener, dann in ehrwürdigen Traditionsbetrieben. Was nicht heißt, dass es rundherum nicht so einiges an gastronomischen Höchstleistungen gäbe, doch diese Schlemmertempel liegen eben vor der Stadt und werden gerne zum Wochenende besucht. Dazu später mehr.

Die Grenzen zwischen Caffè, Bar, Enoteca, Osteria und Trattoria sind oft verschwommen, weshalb in dieser Aufzählung Lokale zu finden sind, die man eher zum Mittags- oder Abendmahl aufsucht. Muss man aber eben nicht – ein Gläschen an der Theke ist auch an solchen Orten nicht fehl am Platze! (Zur leichteren Orientierung sind die Adressen im Zentrumsbereich mit einer Nummer versehen, die auf die Übersichtskarte im Umschlag verweist.)

Von der Via Antonio Zanon bis zur Via Poscolle

| 1 | **Al Fagiano**
Via Antonio Zanon 7
Tel. + 39 0432 / 29 70 91
Geöffnet 8–22 Uhr
Sonntag Ruhetag

Wollen wir bei dem lauschigen Plätzchen an der Via Antonio Zanon beginnen, wo die Roggia vorbeiplätschert und die Trauerweiden ein wahrhaft romantisches Bild abgeben. Hier findet sich das erste Highlight mit dem **Al Fagiano**. Die Leute stehen mit ihren Gläsern, so lange es die Temperaturen zulassen, gemütlich an Stehtischen draußen an der ehemaligen „**Plaze dal polam**", die auch schon einiges miterlebt hat im Laufe der Jahrhunderte – zum Beispiel einen Markt für Vögel und Haustiere. Der Wirt hat ein großes Herz für moderne Kunst und für den Tocai Friulano, der hier – natürlich – der angestammte Hauswein ist und auch so genannt wird. Kleine Köstlichkeiten werden frisch zubereitet, neben Prosciutto und Mortadella steigt der Duft von gekochtem Schinken in die Nase, der mit frischem Kren serviert wird. Besonders hoch im Kurs stehen bei den Gästen die *Carciofini con gambo* (Artischocken mit Stiel).

| 2 | **La Ghiacciaia**
Via Antonio Zanon 13
Tel. +39 0432 / 50 24 71
Mittags und abends geöffnet.
Montag Ruhetag

Nur wenige Schritte weiter befindet sich an einem der lauschigsten Plätzchen Udines das **La Ghiacciaia**, dessen Trümpfe ein einladender Garten und Balkon direkt über dem Wasser sind – im Sommer ist diese Lage schwer zu toppen! Was das kulinarische Angebot angeht, schon eher eine Osteria als eine Imbissstube. Am schönsten bei einem Gläschen im Freien zu genießen.

| 3 | **Speziaria**
Via Poscolle 13
Tel. +39 0432 / 50 50 61
Geöffnet 8–22 Uhr.
Sonntag Ruhetag

Nahe dem Al Fagiano führt die Via Poscolle vorbei, und hier hat sich in der Nr. 13 die **Speziaria** – früher „Speziaria pei Sani" – eingerichtet, eine der besten Enotheken Friauls mit einer riesigen Auswahl von über 1 000 Etiketten. Einst war hier eine Apotheke untergebracht und nichts anderes bedeutet die alte Bezeichnung „spezieria". Heute hat man hier einerseits beim Einkaufen die Qual der Wahl – und das nicht nur unter friulanischen Produkten, es werden gute Tropfen aus der ganzen Welt angeboten! Groß ist die Vielfalt andererseits auch bei den offenen Weinen, die zum Verkosten bereit stehen.

Seit Herbst 2011 hat die Speziaria im ersten Stock auch ein kleines, aber ganz ausgezeichnetes Restaurant, das darüber hinaus mit außerordentlicher Freundlichkeit punktet. Es ist damit eines der wenigen modernen, zeitgeistigen Speiselokale im Zentrum. Gekocht wird mit Engagement und Liebe, aber Platz ist Mangelware, daher unbedingt reservieren. Zum Zeitpunkt der Drucklegung wird gerade wieder umgebaut, an Qualität und beschränktem Platz wird sich aber sicher nichts ändern.

Etwas versteckt stadtauswärts in der kleinen Via Viola (erreichbar über die Via Muratti, die vis-à-vis von Al Fagiano & Co. auf der anderen Straßenseite beginnt) liegt die vielleicht beliebteste Einkehradresse zahlreicher Österreicher: Für viele Besucher ist das **Al Vecchio Stallo** *die* Osteria Udines, in der man sich in der Mittagspause zwischen den Einkäufen einen ehrlichen Teller Pasta, gschmackiges Ossobucco oder eine venezianische Leber gönnt – entsprechend gut vertreten ist die deutsche Sprache samstags zur Mittagszeit, abend hört man fast nur Furlanisch und Italienisch. Untergebracht in einem ehemaligen historischen Pferdestall, gibt die Location der Osteria auch den Namen „Alter Stall". Das Ambiente ist hemdsärmelig und unkompliziert, das Preisniveau auch!

> **| 4 | Al Vecchio Stallo**
> Via Viola 7
> Tel. +39 0432 / 212 96
> Mittwoch Ruhetag,
> im Sommer auch am
> Sonntag.

Noch eine empfehlenswerte Osteria in der Via Poscolle: Die in einem Innenhof versteckte **L'Osteria ai Beneandanti**. Hier trifft die friulanische Küche auf die toskanische, und das ergibt durchaus reizvolle Gerichte auch jenseits des Frico. Wer also Verlangen nach einer *Bistecca fiorentina* verspürt, ist an der richtigen Adresse! Und auf eine stattliche Auswahl an friulanischen Weinen muss man genauso

> **| 5 | L'Osteria ai Beneandanti**
> Via Poscolle 49
> Tel. +39 0432 / 50 53 36
> Samstagmittag und Sonntag
> geschlossen.

wenig verzichten. Man sitzt in recht rustikalem Ambiente, im Sommer auch draußen.

| **6** | **Fred**
Via del Freddo 6
Tel. +39
0432/505059
www.fred.ud.it.

In der Via Poscolle stadtauswärts wartet eine neuere Adresse in modernem Outfit auf stilbewusste Einkehrer, die nicht jeden Cent umdrehen: Das **Fred** in der Seitengasse Via del Freddo. Der schmale vordere Raum wirkt etwas beengt und dunkel, doch ist alles überaus chic gestylt und eine der „In"-Adressen der Stadt. Sehr gute Auswahl an Weinen, natürlich auch an Appetithappen, ebenso wie an kleinen Gerichten und an Risotti und Pasta. Besonderes Augenmerk wird hier einer umfangreichen und delikaten Käseauswahl geschenkt – nicht umsonst schreibt sich Fred die Bezeichnung „Vini e formaggi" auf seine Fahne.

| **7** | **Rialto**
Via Rialto 12
Geöffnet 8–21 Uhr
Montag, im Sommer
auch Sonntag Ruhetag.

Zurück zur Via Antonio Zanon und hinein ins Zentrum: Die Via Rialto ist über die Galleria Bardelli auch nur einen Katzensprung von der Via Antonio Zanon entfernt, allerdings stadteinwärts. Hier bietet sich das kleine, aber feine **Rialto** für eine Einkehr an. Einst war es ein Feinkostladen, und zwar einer der besten der Stadt, jetzt hat es seine Bestimmung als Caffè und davon getrennte Enoteca gefunden. Der Kaffee wird als einer der besten der Stadt gelobt, und auch die Auswahl an Weinen und auch Champagner und Spumantes (zum Kaufen und/oder Verkosten!) ist groß. Natürlich gibt es auch hier delikate Häppchen!

Von der Via Rialto wenden wir uns in Richtung Piazza Matteotti und marschieren vorbei an der Kirche San Giacomo in die kleine Via Paolo Sarpi, die mit einer einzigartigen Konzentration an Genießeradressen aufwarten kann:

In der Via Paolo Sarpi

Hier gegenüber dem schönen Jugendstilpalazzo mit der Fotogalerie, in dem einst der Fischmarkt abgehalten wurde, residiert in

einem Gebäude aus dem 16. Jh. die historische Osteria **Al Cappello**, das wohl be-
kannteste unter den Beiseln Udines. Sein
markantester Schmuck sind die unzähligen Hüte, die in allen Formen und Ausfüh-
rungen von der Decke hängen. Hier ist
immer was los, in bewährter Manier im

| 8 | Al Cappello
Via Paolo Sarpi 5
Geöffnet 10–15 und
17–23 Uhr.
Sonntagnachmittag
und Montag Ruhetage

und vorm Lokal. Eine riesige Tafel gibt Aufschluss über die
angebotenen Weine und die sind fürwahr ein „Who is Who" des
friulanischen Weinadels, an die fünfzig kann man glasweise verkosten. Auch hier kann man auch seinen Magen zufriedenstellen – einfache, aber nahrhafte Gerichte wie *Polpetti con polenta* stillen den
Hunger nachhaltig, *Stuzzichini* und *Affettato misto* sorgen für eine
kleine Unterlage. Ein Pflichtprogramm für alle, die noch nie dort
waren! Wenn man ausreichend lärmresistent ist, kann man im
Haus sogar übernachten – fünf Zimmer stehen zur Verfügung.

Spätestens bei Haus Nr. 8 sollte
man sich wieder einbremsen – der
nächste gute Tipp wartet hier mit
dem **Giardinetto**. An diesem Ort ist
das Speiseangebot schon weit um-
fangreicher als im Al Cappello –
kein Wunder, handelt es sich doch

| 9 | Giardinetto
Via Paolo Sarpi 8
Tel. +39 0432/22 77 64
Mittags und abends geöffnet.
Sonntag und Montag
Ruhetage

um eine richtige Trattoria, aber eben vor allem tagsüber auch eine
Enoteca. In Extrastuben, in denen gemütlich angejahrte Holzein-
richtung den Ton angibt, kann man in Ruhe speisen, während es
im Schankraum rund geht. Ein wunderbarer Platz für ein echt
friulanisches Mittag- oder Abendessen, wo man vom Antipasto bis
zum Dessert in regionalen Köstlichkeiten schwelgen kann: vom
Lardo al rosmarino (weißer Speck mit Rosmarin) bis zum *Spezzatino*. Wer nur Weine verkosten will, ist ebenfalls gut aufgehoben.
Die Auswahl ist umfangreich, besonders gut vertreten sind die
Etiketten von Ermacora.

In der Nummer 12 wartet mit dem **Ars Bibendi** neuerlich eine besonders empfehlenswerte Enoteca, wo man gut die Zeit übersehen

| **10 | Ars Bibendi**
Via Paolo Sarpi 12
Tel. +39 0432/50 31 36
Montag Ruhetag

und auch schnell mal einen über den Durst trinken kann. Die schöne Holzdecke und die gediegenen Holztische verleihen dem Raum zusammen mit dem eindrucksvollen Flaschensortiment an der Wand die gemütliche Atmosphäre, die zum Bleiben einlädt. Leckere Crostini munden zum Wein, besonders die Variante mit *Formadi frant* (das ist mit Rahm verrührter und nochmals fermentierter Käse) und Kren ist ein nicht alltäglicher Genuss. Auch in dieser Vinothek gibt es eine sagenhafte Weinauswahl, günstig fährt man mit dem Hauswein.

| **11 | Jolanda de Colò**
Via Paolo Sarpi 18A
Tel. +39 0432/51 09 38
Dienstagnachmittag,
Sonntag und Montag
Ruhetage

Im etwas höher gelegenen Teil der Via Paolo Sarpi hat sich in einem antiken Palazzo die über die Landesgrenzen bekannte Produzentin exquisiter Feinkost-Spezialitäten Jolanda de Colò niedergelassen. Hier bietet sie neben anderen Delikatessen ihre berühmte Gänsestopfleber, delikate Entenbrüste und das Beste vom Mangalizaschwein nicht nur zum Verkauf, sondern auch zum Sofortgenuss an: Das Lokal ist elegant und geschmackvoll, bezeichnet sich als „Bottega – Bistrot" und bietet auch internationale Weine an. So schön es sein mag, scheint das exklusive Lokal manchmal etwas vereinsamt – es ist natürlich keineswegs das billigste. Jedenfalls sollte man einen Blick in den wunderbar renovierten Innenhof, den **Borgo Mercatovecchio**, werfen. Dort haben recyclte Kunst und in Form des Gambrinuskellers auch das Bier ihre Plätzchen gefunden. 160 verschiedene Marken aus aller Welt gibt es im urigen „Gambrinus" – von der Noblesse der feinen Nachbarschaft ist dort jedenfalls keine Spur!

Im Universitätsviertel

Ein möglicher Weg führt nun ins Universitätsviertel, wo einige der originellsten Kneipen warten: Das **Pieri Mortadele** und das **Sbarco dei Pirati** (siehe auch S. 61). Ersteres eine traditionelle Weinbar, in deren hinteren Raum an einer kleinen Theke der namensgebende Schatz gehütet bzw. auch gerne verteilt wird: die Riesenmortadella! Gleich ein paar Schritte weiter, bei den Piraten, trifft man auf eines der friulanischsten aller Beiseln, das eigentlich eine Osteria ist, die auch allerlei an warmen Gerichten anbietet, angefangen beim Frico bis zu den Trippe. Ein bisschen Mut gehört allerdings schon dazu, hier zu schmausen – wer einen Blick hineinwirft, wird verstehen …

| **12** | **Pieri Mortadele**
Riva Bartolini 8, Sonntag Ruhetag
| **13** | **Sbarco dei Pirati**
Via Bartolini 12, Mittwoch Ruhetag

Ein schmuckes historisches Haus steht an der Piazzetta Antonini, das mit seiner Aufschrift keinen Zweifel daran lässt, wo man sich befindet: In der Trattoria und Osteria **Ai Frati** – und damit an einer wahrhaft empfehlenswerten Adresse, wo die freundliche und umtriebige Wirtin dafür sorgt, dass jedermann nur restlos zufrieden Tisch oder Tresen verlässt. Platz findet man in gemütlichen Stuben bis in den ersten Stock und natürlich im kleinen Vorgarten, wo sich die Tische eng unter der Markise drängen. Tradition wird auf der Speisekarte großgeschrieben, regionstypische, wohlfeile Gerichte schmecken eben dem Herrn Professor genauso wie den Studenten.

| **14** | **Ai Frati**
Piazzetta Antonini 5
Tel. +39 0432/50 69 26
Sonntag Ruhetag

Der weitere Wegverlauf entlang der Via Gemona stadtauswärts führt zu einer gastronomischen Sehenswürdigkeit, die der Caffè-Fraktion zuzuordnen ist: Zum **Caucigh**, dessen elegantes historisches Ambiente man einmal gesehen haben muss. Oft wirkt es etwas verwaist, aber manchmal geht hier ganz schön die Post ab – nicht nur beim Kaffeetrinken, sondern auch beim Musikgenuss, denn hier gibt's von Oktober bis Juni freitagabends Live-Jazzkonzerte. Der Donnerstag ist der weiblichen Kunst

| **15** | **Caffè Caucigh**
Via Gemona, 36–38
Montag Ruhetag
www.caffecaucigh.com

gewidmet und zwar in allen Formen, ob Vorträge, Musik oder Buchpräsentationen, und der Mittwoch gehört der Jugend mit etwas härteren Rhythmen. Das Caucigh ist im ersten Stock auch eine Art Veranstaltungszentrum. Des Öfteren kann es vorkommen, dass eine geschlossene Gesellschaft das ganze Lokal in Beschlag nimmt – zum Beispiel, wenn Studenten etwas zu feiern haben, seien es Geburtstage oder erfolgreiche Abschlüsse.

| 16 | **Angolo del Gusto** und **Gastronomia da Luciano**
Via Tiberio Deciani 86
Tel. +39 0432/50 48 23
Angolo del gusto: Sonntag und Montagvormittag geschlossen.
Luciano: Sonntag und Montagnachmittag geschlossen.

Nicht gerade im Zentrum des Geschehens liegt der **Angolo del Gusto**, nämlich ein ganzes Stück hinter der Universität am Ende der Via Francesco Mantica. Hier gibt es die Möglichkeit, alles was gut ist und schmeckt, gleich nebenan für zu Hause einzukaufen – in dem modernen Laden der **Gastronomia da Luciano**, einem Feinkostgeschäft, das schon seit 1983 mit guter Qualität überzeugt.

Weitere legendäre Vinotheken

| 17 | **Buca di Bacco**
Via Cesare Battisti 21
Tel. +39 0348/383 06 64
Geöffnet 8–21 Uhr.
Sonntag Ruhetag

Von der Via Poscolle über die Via del Gelso (von der Innenstadt gesehen hinter der Piazza XX Settembre) gelangt man zu einem anderen äußerst bacchantischen Highlight, für eingefleischte Kenner ein Favorit unter den Vinotheken Udines: Der Bacchuskeller alias **Buca di Bacco** mit der beschwingten Aufschrift auf der Markise über der Tür und dem umsichtigen Wirt Adolfo hinter der Theke. An kleinen (Steh-)Tischen genießt man sein Achterl aus einer reichen Auswahl von offenen Flaschen, flankiert von raumhohen Regalen, die mit den besten Kreszenzen

Friauls gefüllt sind. Der Star unter den *Stuzzichini* ist das 70 Zentimeter lange „Maxigrissini" umhüllt mit feinstem San Daniele-
Schinken, doch gibt es auch ganz nach Gusto gekochten Schinken
in Brotteig, Trüffelmortadella, Käse, Aufschnitt und *Sottoli* (in Öl
eingelegte Gemüse).

Ein Stück Udineser Geschichte hat
einen neuen Besitzer bekommen: Das
legendäre **Da Pozzo** am Piazzale Cella,
das an den Menschentrauben, die sich
um alte Weinfässer ranken, schon von
Weitem erkennbar ist, wurde vom glei-

| 18 | Da Pozzo
Piazzale Cella 10
Tel. +39 0432/51 01 35
Geöffnet 7.30–1 Uhr.
Sonntag Ruhetag

chen Wirt übernommen, der auch das Pieri Mortadele im Universitätsviertel führt: Luca Merlino. An den Traditionen will er nichts
ändern und so wird das Da Pozzo wohl auch in Zukunft ein äußerst
beliebter Treffpunkt für die Einheimischen bleiben – wenn es sein
muss, bis spät in die Nacht hinein!

Einige typische Osterias

Das „Ai Barnabiti", eine gemütliche
Osteria unweit des Buca di Bacco mit
langem, einladendem Tresen, ist typisch friulanischen Einschlags mit
entsprechender Küche, in der auch
mal Esel auf der Speisekarte steht.

| 19 | Ai Barnabiti
Piazza Giuseppe Garibaldi 3
Tel. +39 0347/1747850
Sonntag Ruhetag

Wer sich nicht so gern an den Grautieren delektiert, bleibt lieber
beim Rindsgulasch, bei einer „Almplatte" (*Piatto Malga*) aus der
Carnia oder einem der fantasievollen Salate. Die Weinauswahl,
kundgetan durch unzählige Schildchen, ermöglicht einen ausführ-
lichen Streifzug durch die friulanischen Weingüter, oder man setzt
auf den Hauswein, der als Tocai bzw. als Merlot und Cabernet süffig
durch die Kehle rinnt.

Die Trattoria **Il Rifugio in Città** hat sich vorgenommen, ausschließlich Produkte aus den heimischen Bergen von Tarvis über die Carnia bis Pordenone auf den Tisch zu bringen. Was der ambitionierte

Wirt Davide denn auch tatsächlich umsetzt. Die vom engagierten Team aufgetischten Speisen haben unter anderem die Tester der „Osterie d'Italia" derart überzeugt, dass sie das „scheinbar unscheinbare" Lokal in ihre äußerst limitierte Listung aufgenommen haben. Nicht nur die Schinken- und Wurstwaren, Käse, Honig und alles, was die Berge sonst noch hergeben, konnten sie überzeugen, sondern genauso die Kreativität, mit der etwa *Salsiccia di coniglio* (Wurst vom Kaninchen), *Agnolotti ubriachi* („besoffene" gefüllte Teigtaschen) oder *Mezzelune di mirtilli di Sauris* (eine Art Ravioli mit Heidelbeeren aus Sauris) auf den Teller gezaubert werden. Also urfriulanisch, aber extra-kreativ und sicher einen Versuch wert!

Zum Zeitpunkt der Drucklegung sperrte das besuchte Lokal in Domnähe zu und begab sich auf die Suche nach einem neuen, noch unbekannten Standort. Ein Blick auf die Website gibt allen Interessierten Aufschluss über die neue Adresse: www.ilrifugioincitta.it

| **20** | **La Ciacarade**
Via San Francesco 6/A
Tel. +39 0432/51 0 25
Nur im Sommer:
Sonntag Ruhetag

Unweit der Kirche San Francesco (und somit vom Dom) gibt es einen weiteren empfehlenswerten Ort der Einkehr: **La Ciacarade**, eine Osteria aus den 1960er-Jahren, in deren Schankraum Wirt Emanuele regiert und eine riesige Schiefertafel verheißungsvoll die Schätze aus Keller und Küche anpreist. Im Sommer sitzt man gemütlich im Gastgarten, aber zu jeder Jahreszeit ist die Küche überaus beliebt – von traditionellen *Trippe* bis hin zu *Maltagliati* (rautenförmige Pasta) mit Kastanien und Wildschweinragout, die ein Winterhit sind.

| **21** |
Hostaria Al Fari Vecjo
Via Grazzano 78
Tel. +39 346/22 413 51
Sonntag Ruhetag

Eine typische Vetreterin der historischen Osterias in Udine (auch erkennbar an dem offiziellen Gütesiegel als historische Lokalität an der Tür) ist die Osteria **Al Fari Vecjo**, zum Alten Schmied, im Stadtteil Grazzano aus dem Jahre 1804. Nostalgisches Ambiente, reihenweise friaulische Weine zur Wahl und bunte Appetithappen, aber auch traditionelle warme Gerichte sind die

Trümpfe in der – wirklich alten und ziemlich urigen – Osteria, in der die älteren Stammgäste am liebsten beim Kartenspielen das klassische Ritual des Tajut mit Hingabe pflegen.

Für die empfehlenswerte Osteria **Alle Alpi** muss man ein bisschen aus dem Stadtzentrum hinaus in Richtung Süden, in den Stadtteil Cussignacco. Aber es lohnt sich – vor allem für Fleischtiger, die es

Alle Alpi
Via Veneto 179 (Cussignacco)
Tel. +39 0432/60 11 22
Sonntagabend und
Montag Ruhetage

lieben, ihr ausgewähltes Stück auf dem Fogolar zur Vollendung brutzeln zu sehen, bestens erledigt vom Wirt, der die Feuerstelle höchstpersönlich überwacht. Auch die Speisen davor und danach sind von bester Qualität und richten sich nach dem saisonalen Angebot. Und: die Preise stimmen, auch für die Weinbegleitung.

Echt feine Restaurants

Seit Jahrzehnten ist das **Vitello d'Oro** Udines gastronomische Nummer 1 – und noch immer wird hier auf hohem Niveau bewirtet. Holzgetäfelte elegante Räumlichkeiten, weißer Damast und edle Gläser auf den einladenden Tischen, ein gezähmter, weil glasgeschützter Fogolar prägen das gepflegte Ambiente. In diesem Ristorante ist man besonders stolz auf die feine Zubereitung von Fisch und Meeresfrüchten, doch auch Fleischliebhaber kommen nicht zu kurz. Ein echter Klassiker in Udine!

| 22 |
Ristorante Vitello d'Oro
Via Erasmo Valvason 4
Tel. +39 0432/50 89 82
Ruhetage Montagmittag
und Mittwoch, im Sommer
auch Sonntag

Auf eine weitere Edeladresse soll hier nicht vergessen werden: Es ist das Ristorante im traditionsreichen **Hotel Astoria Italia**, das als Hotel die Nummer 1 am Platze ist. Auch die Küche strebt nach hö-

| 23 | **Hotel Astoria Italia**
Piazza XX Settembre 24
Tel. +39 0432/50 50 91
www.hotelastoria.udine.it

heren Weihen – bei feiner internationaler Küche, aber durchaus auf die friulanischen Wurzeln bedacht, speist man hier in vornehmem Ambiente, bestens betreut von aufmerksamen *Camerieri*.

| 24 |
Hostaria Alla Tavernetta
Via Artico di Prampero 2
Tel. +39 0432/4702 91
www.allatavernetta.com
Ruhetage Sonntagabend
und Montag

In der Nähe des Doms findet man mit der familiären **Tavernetta** eine Gaststätte zum richtig Wohlfühlen. Es nennt sich zwar nicht Ristorante, aber hier geht es um einiges gepflegter zu als in den urtypischen Osterias: die gediegenen alten Holztische sind einladend gedeckt, das Lokal liebevoll geschmückt, die Bedienung aufmerksam und zuvorkommend. Im Sommer macht man es sich draußen auf der Terrasse gemütlich, im Winter beim lodernen Fogolar. Auf der Karte findet man den raren Schinken von D'Osvaldo aus Cormòns, aber auch die Spezialitäten von Gans und Co. der Jolanda de Colò. Vom irischen Angusrind stammt das Fleisch für die Steaks, aber auch dem Schweinernen (z. B. Spanferkel) widmet die Küche ihre Aufmerksamkeit.

Und noch einmal zu Erinnerung, weil es schon bei den Enotheken Erwähnung fand, aber nunmehr auch ein feines, sehr kleines Restaurant im ersten Stock beherbergt: **La Speziaria.**

Vor den Toren Udines

Trattoria La Vedova
Via Tavagnacco 9
Udine
Tel. +39 0432/47 02 91
www.allavedova.it
Ruhetage Sonntagabend
und Montag

Bei der „Witwe", **Alla Vedova**, einzukehren gehört zu den beliebten Gepflogenheiten nicht nur deutschsprachiger Besucher. Eine Legende vor den Toren Udines, die besonders mit den Gerichten vom Fogolar punktet. Ein großes, traditionelles und gut frequentiertes Haus mit schönem Garten und mittlerem Preisniveau.

Unter dem legendären Patron Giorgio Trentin gehörte die **Antica Trattoria Boschetti** zur Michelinstern -gekrönten Speerspitze der italienischen Top-Restaurants, in dem sich einige Gastronomen ihr fachliches Rüstzeug geholt haben. Nach

> **Antica Trattoria Boschetti**
> Piazza Mazzini 10
> Tricesimo
> Tel. +39 0432/85 12 30
> oder 85 15 09
> Ruhetage Sonntagabend
> und Montag

wie vor eine erstklassige Adresse, wenn auch die ganz großen Zeiten der Vergangenheit angehören. Tipp: Gegenüber vom Ristorante gibt es im Fleisch-, Salami- und Schinkenparadies Boschetti Gelegenheit, Feines in exzellenter Auswahl für zu Hause mitzunehmen.

Agli Amici: Das höchstdekorierte Ristorante Friauls liegt vor den Toren Udines. 2013 hat der Guide Michelin dem ambitionierten Lokal als einzigem in der Region zwei Sterne zugestanden und auch im Gambero Rosso haben sich die Geschwister Scarello die Spitze

> **Agli Amici**
> Via Liguria 250
> Godia bei Udine
> Tel. +39 0432/56 54 11
> Ruhetage Sonntagabend
> und Montag

erkämpft. Der vielfach ausgezeichnete Top-Betrieb steht für eine besonders kreative Küche und wird rein atmosphärisch seinem Namen „bei Freunden" durchaus gerecht. Hier muss sich niemand fürchten, zu ungeliebten Schäumchen und luftigen Aromen verdonnert zu werden, die Küche hält durchaus auch Handfestes bereit. Die Weinauswahl ist erlesen, das Preisniveau gehoben. Das Lokal an der alten Mühle ist ein spezieller Platz, geeignet nicht nur für besondere Anlässe – Feinspitze sind hier immer richtig.

Ganz einfach Pizza

Wer keine Lust auf friulanische Abenteuer am Teller hat, sondern geradeheraus auf eine richtig ehrliche Pizza, probiert sein Glück am besten bei folgenden Adressen: Das **Odeon** in der Via Gorghi 1, Tel. +39 0432/26 258 liegt südwestlich des Doms und bäckt knusprige Pizze, die auch bei schmalen Brieftaschen hoch im Kurs stehen. Auch von der Pizza im **Al Gelso** gleich neben der Parkgarageneinfahrt des

Hotel Astoria hört man Gutes (Via del Gelso 10). Mit einer Truppe hungriger Leute und verschiedenem Gusto geht man am besten ins **Concordia**: dort gibt es Platz genug und außer einer bekannt guten Pizza gutes Restaurantprogramm – bis hin zum Fisch! (Piazza I° Maggio 21, Tel. +39 0432/50 58 13). Richtung Universitätsviertel liegt in einem Hinterhof das **Al Vapore**, wiederum mit guter Pizza (Vicolo Silio 8, Tel. +39 0432/50 32 58).

Internationale Ausflüge

Arabisch speist man im **Mille e una Notte** in der Via Daniele Manin 14 und in der Via Gemona 14, Tel. +39 0432/50 39 08, Japanisch im weiß gestylten **Sosushi** in der Via Vittorio Veneto 28, Tel. +39 0432/1743889, und Brasilianisch mit Fleisch am Spieß in der **Churrascaria Boi Gordo**, Viale XXIII Marzo 1848 18, Tel. +39 0432/50 05 04.

Auf einen Drink

Wenn Sie von Norden her in die Stadt rollen, dann kommen Sie direkt am Rumparadies vorbei – **La Casa del Rum**, eine Bar mit einer stattlichen Auswahl an internationalen Rumsorten. Besonders günstig ist die Lage für die Gäste des Hotel Continental – da kann man anschließend gleich ins Bett fallen, denn das Haus des Rums ist gleich vis-à-vis! Via Tricesimo 92, geöffnet bis 1.30 Uhr.

Wer seinen Rum mitten in der Stadt genießen möchte, geht ins Caffè Contarena – auch hier gibt es ein ansehnliches Sortiment!

Die größte Privatbrauerei Italiens mit dem Namen |25| **Bire** am Piazzale Osoppo bietet ein Bierlokal, das nicht nur von Studenten gut besucht ist. Gewaltige Holz-tische aus schwerer Libanon-Zeder und die kupfernen Braukessel prägen die Atmosphäre des riesigen Betriebes. Verschiedenste prämierte Biersorten vom Pils über das Doppelmalz bis zum Weizen werden gebraut, und zwar direkt vor den Augen der Gäste. Die Gastronomie basiert auf einer Art Selfservice, wie man es von italienischen Autobahnraststätten gewohnt ist – man bezahlt, liefert den *Scontrino* ab, dann allerdings wird hier serviert. Feiern kann man bis in die Nacht hinein, bis 1 ist immer offen, samstags sogar bis 3 Uhr früh! Unter der Woche auch mittags geöffnet.

Caffè und Bars

Was wäre Udines ohne seine Kaffeehäuser, von klassisch-nüchtern bis chic oder einfach? Vor allem in Zentrum drängen sie sich dicht an dicht und sind in der typisch italienischen Alltagskultur genauso unverzichtbar wie die Osterias und Trattorias.

Einen schlechten Kaffee zu finden, ist nahezu ein Ding der Unmöglichkeit – und bei der Wahl des Top-Lokale scheiden sich die Geister: jeder Udineser und Besucher hat so sein Lieblingscafé, das natürlich den allerbesten Kaffee der Stadt serviert! Bei einigen der beliebtesten Plätze geht es aber um mehr als nur um das schwarze Gebräu, es geht ums Sehen und Gesehenwerden. In dieser Riege gibt es zwei, drei Big Player, von denen das |26| **Caffè Contarena** mit der noblen Adresse in der Via Cavour 1 wohl das bekannteste ist. Das Vorzeigecafé an der Piazza Libertà vereint gleich drei verschiedene Lokaltypen: die große American Bar mit angeschlossenem Restaurant glänzt mit einer üppigen Auswahl an Cocktails und mehr als dreißig verschiedenen Rumsorten. Es ist ein

Caffè Contarena

Hotspot der Stadt, der auch seinen Preis hat – zum Aperitif oder Digestif oder für geschäftliche Besprechungen unter den Arkaden des Rathauses in einem der gemütlichen Fauteuils ideal.

Neben den eleganten Jugendstil-Räumlichkeiten wartet eine noble Enoteca mit einer beeindruckenden Auswahl an nationalen und internationalen Weinen, erstklassigen Happen und einem fast unüberbietbaren Sortiment von mehr als fünfzehn verschiedenen Spumantes aus der Franciacorta in Champagnerqualität. Im Kellergeschoss ging einst die Post ab – hier traf sich die Jugend der Stadt im legendären „Piper" bei heißen Rhythmen, aber irgendwann schob die Feuerpolizei dem bunten Treiben einen Riegel vor und seitdem ist das Piper Geschichte und die Jungen um einen heißen Treff ärmer.

Schräg vis-à-vis liegt „das" Delser – |27| **Il Delser**! –, das als Open Air Lounge mit gemütlichen Couchen einlädt und das vor allem von der jugendlichen Schickeria zu ihrem Favoriten erkoren wurde, weil man von hier aus einen optimalen Überblick über das Geschehen hat.

Weniger bekannt bei Touristen ist das |28| **Caffè Cotterli** an der Ecke Via Daniele Manin/Via Vittorio Veneto. Es wurde Ende des Ersten Weltkriegs gegründet und galt bald als Treffpunkt der Gesellschaft, die die Hausspezialität Granita di Caffè (eine etwas gröbere Variante des Eissorbets) genoss. Der Trumpf des Cotterli ist heute noch die Vielzahl von Kaffee- und Trinkschokoladenspezialitäten.

Auf der Suche nach dem besten Kaffee fällt immer wieder der Name |29| **Beltrame**. Derer gibt es gleich zwei, ideal, um einen Test zu starten: Einmal ganz zentral und cool gestylt in der Via Rialto 5 und einmal in der Via Cosattini 16, wo das Hauptgeschäft liegt, das besonders morgens zum italienischen Frühstücksritual boomt, wenn der Tag der Udineser mit *Caffè* und *Brioche* beginnt.

An der Piazza Matteotti gibt es mit fast einem Dutzend Kaffeehäusern reichlich Auswahl – wer Kaffee nicht nur trinken, sondern auch einkaufen will, schaut am besten bei |30| **Grosmi il mercato del caffè** vorbei, wo es eine reiche Auswahl an Spezialitäten gibt und viel Gutes rund um den Kaffee noch dazu! Vielleicht ist ja das hier der beste Caffè der Stadt? Entscheiden Sie selbst …

Besonders beliebt bei den Udinesern ist das |31| **Caffè Ottelio** gleich neben der Kirche San Giacomo, am liebsten natürlich unter Sonnenschirmen draußen am Platz, wo man das Geschehen im Blick hat! Das **Caucigh**, schon andernorts erwähnt, gehört von seiner Ausstattung als „klassisches" Kaffeehaus natürlich ebenfalls in diese Aufzählung – obwohl es in seinem Angebot darüber hinausgeht und auch als Jazz- und Kulturtreffpunkt Furore macht.

Noch ein süßer Exkurs zum Abschluss: Wer Lust auf eine verlockende Auswahl an Süßigkeiten bekommen hat, sucht eine der feinen *Pasticcerie* – Konditoreien – auf (siehe auch S. 129): Feines Kleingebäck wie variantenreich gefüllte Bignè, oder auch Gubana, Biscotti, Torten, Ostergebäck und vieles mehr gibt es etwa bei **Simeoni** in der Via Francesco Mantica 15, **Galimberti** in der Via Gemona 76, in den **Alessandra**-Filialen (z. B. Corte Savorgnan 17) und vor allem im **Laboratorio del Dolce D'Olivo Danilo** |32| in der Via Sottomonte.

Bei den **Eisdielen**, von denen es in Udine reichlich und in guter Qualität gibt, werden die folgenden als die besten gehandelt: **Fiordilatte** in der Via Cividale 53, in der Via Rialto das **Grom** (Nr. 12/c), und das **Gianduja** (Nr. 2/e). In der Via Cavour 10 das **Luna** und in der Via Daniele Manin 12 **Il Buon Gelato**.

Laboratorio del Dolce

Trendiges in der Altstadt

Im Zentrum Udines, in der Via Mercatovecchio und den kleinen Gassen rundum, in seinen ungezählten kleineren und größeren Geschäften liegt der Mythos des „Nach-Udine-Fahrens" begründet, der vor vielen Jahren begann, als Mode bei uns noch fade und teuer war und ein Ausflug nach Udine direkt in den siebten Modehimmel führte – eine italienische Jause oder eine Pasta asciutta inklusive!

Die Zeiten haben sich gewandelt, das Angebot ist auch diesseits der Grenze besser, chicer und keineswegs mehr teurer. Aber noch immer lockt die Italianità, und noch immer fahren Österreicher und Deutsche gerne nach Udine zum Einkaufen und Schlemmen. Doch der Innenstadt machen auch die großen Einkaufszentren vor den Toren Konkurrenz, wo das Angebot noch konzentrierter ist. Im Grunde aber sind die Gassen von der Via Mercatovecchio bis hin zur Piazza Matteotti und der Via Antonio Zanon nichts anderes als ein großartiges, vielfältiges und vor allem um vieles persönlicheres Einkaufscenter, in dem der Kreativität mehr Spielraum eingeräumt wird als in der Anonymität der wetterfesten Shoppingwelten. In winzigen Geschäften haben sich Künstler, Kunsthandwerker und Händler mit Liebe zum Detail eingerichtet, da ein Schatzkistchen an handgefertigten Webarbeiten, dort Designer mit Kreationen, die einzigartig sind. Ein Labor, in dem feinste Bäckereien hergestellt werden, ein Laden, in dem alter Silberschmuck zu Ehren kommt. Ein Dekoartikelgeschäft, in dem Sie sich sogar den Nacken massieren lassen können. Das und mehr gibt es nur in der Altstadt zu entdecken! Da sich alles auf relativ kleinem Raum abspielt, kann man sich gut durch die Straßen treiben lassen und beim Schaufensterbummeln rasch seine Favoriten orten. Ein paar Tipps können aber nicht schaden – hier sind sie:

Mode

BUGATTI UOMO/DONNA, Via Rialto 15: Für modische Herren, die auf der Suche nach etwas Besonderem sind. Hier warten Klassiker, aber auch trendige Labels wie Lanvin, Band of Outsiders, Acne und mehr. Man kann sich ruhig der Beratung und dem Geschmack der Verkäufer anvertrauen, die verstehen etwas von ihrem Geschäft! Die Damen finden ihr Eldorado mit Marken wie Lanvin, Balenciaga und MSMG.

PREVEDELLO, Piazza Matteotti 6: Ein Modetrendsetter in der Stadt und einer der ersten, der auf Avantgarde-Mode gesetzt hat. Ursprünglich wurden hier Stoffe verkauft, jetzt setzt das Familienunternehmen auf Mode für höchste Ansprüche an Zeitgeist und Qualität. Marken: Rick Owens, Alexander Wang, Dries Van Noten, Ann Demeulemeester.

CUMINI, 2x an der Ecke Via Mercatovecchio/Via del Carbone: Hier läuft man Gefahr, sich von Kopf bis Fuß neu einzukleiden – heißt also Mode von Dolce & Gabbana, Valentino, Giambattista Valli und Vionnet, dazu Schuhe von Jimmy Choo und Miu Miu, Taschen von Stella McCartney.

C/O, an der Ecke Via del Carbone/Via Pellicceria: Klein, aber oho ist diese Boutique, der beste Platz, um brandneue Labels der internationalen Modeszene (z. B Alice + Olivia) aufzustöbern. Heißer Tipp für Party- und Cocktailkleider, die nicht jeder hat. Auch die Herren sind gut bedient mit den französischen Brands Paul & Joe und Carven.

REGINA DI SABA, Via Camillo Cavour 17: Es geht hier nicht nur um Düfte und Hautpflege, sondern auch um Modeschmuck und alles, was funkelt – auf ethno, schnörkellos gradlinig oder verschwenderisch glitzernd. Frauenherzen schlagen zweifellos höher.

TOD'S BOUTIQUE, Piazza Matteotti 10: Hier findet man unter edlem Schuhwerk und Mode die berühmten Noppenmokassins.

HERMÈS BOUTIQUE, Via Camillo Cavour 16: Große Auswahl an Hermès-Schals und -Tüchern.

B/STORE, Via Mercatovecchio 27: Auf insgesamt drei Etagen findet man hier zahlreiche Shops mit gutem Preis-Leistungsverhältnis.

CANOVA DI QUERINI, Piazza Marconi, sowie PROFILI und DUCA D'AOSTA, beide Via Mercatovecchio, mit allen Nobelmarken von Burberry bis Gucci sind Topadressen für Herren (und Duca d'Aosta auch für Ladys!).

LA LOMBARDA, Via Paolo Canciani und FALCOMER, Via Mercatovecchio: Exklusive Auswahl an Schuhen.

ZARA, Galleria Bardelli: Natürlich hat der spanische Moderiese auch hier eine Depandance und natürlich ist die am Hotspot der hiesigen Shoppingwelt, mit rundherum noch mehr an Mode, Schuhen, Kosmetik, Büchern und Dekoration.

Antiquitäten und Exklusives

CANTARUTTI, Antiquitäten, Via Francesco Mantica 7: Ob Musikinstrumente aus dem 16. Jahrhundert, restaurierte Tische oder alte Bronzestatuen – in diesem Geschäft hinter dem Universitätsgelände ist alles handverlesen.

GALLERIA D'ARTE DI MARCHETTI, Via Bonaldo Stringher 15: Schönes und Kostbares aus vergangenen Zeiten – zum Stöbern und Kaufen.

ANTICHITÀ PRINCIPESSA SISSI, Via Gemona 10: Der Name ist Programm – diese angesehene Galleria ist spezialisiert auf österreichische Barock- und Biedermeiermöbel.

GALLERIA PLUMINA, Via Erasmo Valvason 11: Unauffälliger Laden in der Nähe des „Vitello d'Oro", doch birgt er Udines beste Adresse für moderne Kunst zum Kaufen.

ABAT-JOUR, Via Bonaldo Stringher 27: Atelier für exklusive, handgefertigte Lampen und Lampenschirme in klassischem Stil, auch Anfertigungen nach Wunsch.

SENZA TEMPO, Via Paolo Sarpi (nahe Jolanda de Colò): Leicht zu übersehendes Kleinod mit edlem Schmuck und Dekorativem aus Silber.

ANGELS HOME, Spazio casa & benessere, Vicolo della Banca 6: In einem versteckten Gässchen zwischen der Via Portanuova und der Piazza San Cristoforo, durch das man schon allein wegen dessen Zauber spazieren sollte. Im Obergeschoss gibt es ein üppiges Paradies für Raumdekoration, Gläser und Geschirr, unten können sich erschöpfte Besucher nach dem Einkaufsstress bei einer Massage erholen!

FRANCESCO CAPUTO, Via Portanuova 9: Anzüge aus edlem Tuch, auch maßgeschneidert für den Herrn von Welt.

LA ROSA DEI VENTI, Via Portanuova und Via Daniele Manin: Ausgesuchter Modeschmuck, Deko und Accessoires.

MARIA SELLO, BOTTEGA ARTIGIANA, Via Portanuova nahe Piazza I° Maggio: Hinter dicken Mauern präsentieren sich wertvolle handgemachte Dinge im versteckten Geschäft mit alter Holzdecke: Jacken, Schals, Handtaschen, Decken. Der Webstuhl im Geschäft, wie er einst in jedem Haushalt zu finden war, verrät die Herkunft der kostbaren Stücke. Sehenswert, selbst wenn man nicht kaufen möchte!

CUMINI EMPORIO, Designer-Einrichtung und Wohnaccessoires, Via Portanuova neben Maria Sello: Noch ein toller Laden mit bemerkenswertem Ambiente in der unscheinbaren Gasse.

ARTEVIVA di Liviana Di Giusto, Bottega artigiana, Via Muratti 27: Jedes Stück, das die Textilkünstlerin webt, ist ein Unikat. Hier gibt es einzigartige Teppiche, Heimtextilien und Schals im individuellen Stil der Webkünstlerin.

ROBE DI CASA, Largo dei Pecile 23: Designobjekte aus den Trendwerkstätten der ganzen Welt, die die Besitzer liebevoll aussuchen und zusammentragen. Fantasievolle und originelle Dinge für Haus, Bad, Küche oder Büro.

CUMINI CASA, Via Mazzini: Einrichtungsgeschäft mit schöner Auswahl an Accessoires.

LOCATION di Alberto Furlani, Viale Volontari della Libertà 40/2: Accessoires wie kostbare Gürtelschnallen in Mosaiktechnik aus Künstlerhand.

GIUSEPPE FIORICA, TABACCHI ARTICOLI REGALO, Via Paolo Canciani 16: Das Paradies für Pfeifenraucher. Kunstvolle Pfeifen, aber auch Zigarren, Spirituosen und allerlei edles Zubehör. Wer Exquisites zum Schenken finden möchte, ist hier goldrichtig.

Gebäck, Wein, Feinkost & Gemüse

LABORATORIO DEL DOLCE D'OLIVO DANILO, Vicolo Sottomonte: Nicht nur das entzückendste, vielleicht sogar das beste Geschäft für Süßigkeiten und Gebäck.

SIMEONI, in der Via Francesco Mantica 15 und GALIMBERTI in der Via Gemona 76 offerieren eine verführerische Auswahl an süßen Köstlichkeiten.

ALESSANDRA in der Corte Savorgnan 17: Ob Ciabatta oder Brioche, alles sehr beliebt und ganz zentral. Auch in der Via Cividale, Via Veneto, Via Manzini und Via Monte Grappa.

GRAMOLA in der Via Grazzano 28: Caffetteria, Panificio, Pasticceria vom Feinsten.

FINATI & PETRIN, Via Erasmo Valvason, schräg vis-à-vis vom Al Cappello: die schönste Ausstattung am Käseladen sind die Riesenlaibe und aufgehängten gigantischen Provolonerollen. Natürlich kann man auch in kleineren Portionen einkaufen!

DA LUCIANO, Via Tiberio Deciani 86: Hier gibt's nicht nur die besten Produkte lokaler Produzenten vom Grappa bis zum Käse, sondern auch fertige Gerichte, die zu Hause schnell zubereitet sind. Liegt etwas abseits hinter dem Universitätsviertel, gleich daneben das „Angolo del Gusto" zum Einkehren!

LA BAITA, Via delle Erbe: In dem besonders zentral gelegenen Miniladen stellen sich die Italiener geduldig an, um zu den begehrten Köstlichkeiten von Käse bis Schinken und Wurst zu kommen. Eine Fundgrube an Köstlichkeiten.

MARKTSTAND VOR DEM „AL FAGIANO": Wer sich nicht im überfüllten Feinkostladen die Füße in den Bauch stehen will, macht hier Halt und besorgt sich in frischer Luft die italienische Jause für daheim!

A.C.E.R., Via Daniele Manin: Weine und Spituosen, aber auch genussvolle Mitbringsel zum Genießen in hübscher Aufmachung.

LA CASA DEGLI SPIRITI, Via dei Torreani 15: Riesenauswahl an Wein und Spirituosen – nicht nur zum Einkaufen mit Fachberatung, auch verkostet kann hier werden.

LATTERIA SOCIALE DI CODERNO, Via Aquila 70: Allerlei Käse – am liebsten Montasio in allen Reifestufen –, aber auch Teigwaren und Frico gibt es hier frisch und gut zu kaufen.

ANGOLO BIOLOGICO, Via Daniele Manin: Kleiner Laden mit herrlichem Angebot an allem, was im Biogarten Saison hat.

FASANO, Via Grazzano 42: Ein paar Schritte stadtauswärts hat dieser Händler traditionell gute und frische Ware in seinem Laden.

Shopping vor den Toren der Stadt

Auch wenn das Angebot durch internationale Ketten austauschbarer geworden ist, gibt es noch genügend Verlockendes zu entdecken, das eben nur italienische Firmen im Programm haben! Eine Vielzahl von Shoppingmalls, kleiner und größer, bieten ein Paradies für alle, die sich einfach aufs Einkaufen konzentrieren wollen und innerhalb kürzester Zeit ein Maximum von Shops sichten möchten. Hier eine kleine Auswahl der wichtigsten Adressen.

Im Norden – Reana del Rojale / Tavagnacco

SORELLE RAMONDA
Via Nazionale 9, Tavagnacco, www.sorelleramonda.com
Ein italienisches Familienunternehmen, das ein beeindruckendes modisches Angebot auf die Beine stellt – von Markenjeans bis zu feinen Dessous, von Dolce & Gabbana bis Pollini. Mittagpause 12.30 – 15 Uhr!

PITARELLO
Reana del Rojale, Località Morena 1
Nicht weit von den „Sorelle" findet sich dieser riesige Schuhmarkt auf zwei Ebenen. Vielleicht nicht das exklusivste Schuhwerk, aber sicher die größter Auswahl weit und breit – wer hier nicht nicht das passende Paar findet, ist ein hoffnungsloser Fall. Täglich außer Sonntag bis 20 Uhr.

ARTENI
Via Nazionale 133 – 141, Tavagnacco, www.arteni.it
Ein freundliches, kleineres Einkaufszentrum für gehobene Ansprüche mit exklusiven Marken. Neben Mode und Schuhen wird vor allem eine große Sportabteilung geboten. Mittagspause von 12.30 – 15 Uhr beachten! Montagvormittag zu, Sonntagnachmittag geöffnet.

CENTRO COMMERCIALE FRIULI
Via Nazionale 127, www.centrofriuli.it
Größter Anziehungspunkt ist hier der Lebensmittelriese Carrefour, der allein 10 000 m^2 einnimmt. Das Sortiment ist überwältigend,

auch was italienische Feinkost und Weine betrifft, dafür meist günstiger als im kleinen Spezialitätenladen in der City. Daneben gehen die paar Modeläden fast unter …Täglich durchgehend bis 20.30 Uhr geöffnet, freitags bis 21 Uhr, im Sommer sonntags zu.

TERMINAL NORD
Via Tricesimo 149, www.parcoterminalnord.it
Das jüngste Kind der Kommerzwelt ist der Terminal Nord, unübersehbar an der Via Tricesimo. Hier sind die meisten Geschäfte von außen ähnlich wie in einer Geschäftsstraße zu betreten, dank der Überdachung stets trockenen Fußes. Es gibt aber auch einen zentralen Platz mit Brunnen im Inneren, wo der Carrefour-Supermarkt liegt. Die Großen hier heißen Decathlon (alles für den Sport), Upim, Globo (Schuhe), Euronics (Elektronik) und eben Carrefour, darüber hinaus gibt es eine Menge attraktiver Modegeschäfte und andere kleine Läden wie Apotheke, Friseur, Juwelier usw. Wer sich für Einrichtung und Möbel interessiert, schaut bei „Maisons du Monde" am äußeren linken Flügel vorbei, wo es günstig Möbel auch aus fernen Landen gibt. Eine eigene Foodzone gegenüber bietet Gelegenheit, seinen Hunger zu stillen. Gourmets werden es vermeiden, hier einkehren – wer braucht schließlich einen Burger King in Italien? Das „Wiener Haus" kann man ebenfalls getrost beiseitelassen, interessant aber die Interpretation von Wien durch die Architekten: es ähnelt nämlich einer – missratenen – Almhütte. Das Center ist täglich durchgehend bis 21 Uhr, sonntags bis 20.30 Uhr geöffnet.

Im Westen – Martignacco

Wer in die größte Shoppingwelt der Stadt gelangen will, wählt die Ausfahrt Udine Nord, dann die SS 13 bis zur Ausfahrt „Udine Stadio Friuli-Fiera". In der Nähe des Fußballstadions und der Messe trifft man dann auf die berühmte Pyramide der Città Fiera.

CITTÀ FIERA
Via Antonio Bardelli 4, Martignacco
www.cittafiera.it

Der glänzende Shoppingtempel der Città Fiera hat schon etwas Patina abbekommen – immerhin ist diese „Stadt" mittlerweile 20 Jahre alt, was im allgemeinen Bereich nicht zu übersehen ist, etwa bei den Toiletten. Die Shops sind aber nach wie vor äußerst attraktiv und immerhin an die 150 Geschäfte mit gutem Branchen-mix machen es ziemlich wahrscheinlich, dass man das findet, was man sucht. Dazu gibt es reichlich Gastronomie und ein Cineplexx sowie eine eigene Kinderwelt. Man bastelt auch an einer Erweiterung – allein das Einrichtungshaus Home Italian Center soll davon 30 000 m² belegen. Neben bekannten internationalen Marken wie H&M, Pinkie, Zara, Deichmann, Bata usw., die man auch bei uns findet, gibt es jede Menge spannender italienischer Boutiquen wie Motivi, Oltre und Tezenis – und auch einen Coin, der an sich schon so einige Wünsche abdeckt. Schnäppchen darf man sich bei einem Besuch im Gebrauchtwarenmarkt im ersten Stock erwarten (Mercato dell'usato) sowie im Outlet des Heim- und Möbelriesen Co.Import. Carrefour ist natürlich ebenfalls vertreten. Täglich (auch sonntags!) geöffnet von 9.30 bis 20.30, freitags bis 22 Uhr.

Das Leben in der Stadt

Die Udineser – sie schätzen ihre Traditionen, lieben es, auf Furlanisch zu parlieren, und sie tragen trotz des internationalen und jugendlichen Flairs der Stadt, das sie vor allem der Universität verdankt, eine Spur des Misstrauens gegenüber allem Fremden und Neuen vor sich her. Was nicht heißt, dass man sich als Gast oder Kunde nicht willkommen fühlt! Jedenfalls freut es die Städter, die direkt mit dem deutschsprachigen Publikum in Kontakt kommen, dass der Trend bei den Gästen, sich selbst am Italienischen zu versuchen, zunimmt – denn auf jemand, der Deutsch spricht, werden Sie trotz einer immerhin fast fünfzigjährigen Habsburger-Geschichte eher selten treffen.

Hier schätzt man das Fahrrad als Fortbewegungsmittel über alles und bei größeren und kleineren Veranstaltungen tritt man gerne auch sportlich in die Pedale (UdinBike!). Die Udineser vergöttern ihre Fußballmannschaft, den FC Udinese, und feiern Erfolge wie einen Nationalfeiertag.

Am Wochenende zieht es sie hinaus aufs Land – je nach Temperament und Jahreszeit zum Wandern im Karst, im Tarvisiano oder in der Carnia, zum Baden nach Grado oder Lignano, zum Radeln, Golfen oder gar zum Tangotanzen in wechselnden Locations irgendwo im Friaul. Oder einfach auf ein herrliches, ausgiebiges Mahl, stets in großer Runde mit Freunden oder Familie, wie man es so kennt von unseren südlichen Nachbarn. Ihre liebste Tageszeitung ist der „Messaggero Veneto", aber auch „Il Gazzettino" behauptet sich mit einer eigenen Udine-Ausgabe. Im TV gibt es neben dem „telefriuli" auch einen eigenen Udinese Channel. Wer *Furlan* im Radio hören möchte, stellt auf Radio Onde Furlane.

Bürgermeister ist Furio Honsell, und damit hat Udine nach dem Physiker Cecotti seit 2008 einen Mathematiker aus den Reihen des Mitte-Links Bündnisses „Centrosoinistra" als Stadtchef. Als Provinzhauptstadt ist Udine Regierungs- und Verwaltungssitz, dazu beherbergt es zahlreiche Ämter, Kammern und Standesvertretungen, Vereine und Gesellschaften aller Art, Banken, Versicherungen,

Spitäler, Schulen und die Universität. Als Handelsstadt spielt Udine unbestritten eine tragende Rolle, während nach der Schließung der großen Lebensmittel- und Stahlindustriebetriebe sich hauptsächlich Klein- und Mittelbetriebe im Süden der Stadt, in der Zona Industriale Udinese, niedergelassen haben. Die Großen sind nun weiter entfernt, man denke an ABS – Acciaierie Bertoli Safau, der Stahlriese in Cargnacco, oder Danieli in Buttrio oder Pittini in Osoppo, auch die Getränkeindustrie wie Birra Moretti oder Coca Cola sind in der Stadt nur mehr Teil der Geschichte. Ein Wirtschaftsfaktor ist auch die Messe – Udine Fiere – in Martignacco mit neun Messehallen, in der die alljährliche Möbel- und Designmesse „Casa moderna" eine besondere Attraktion darstellt.

Übrigens war Esslingen am Neckar 1958 die erste Partnerstadt Udines, es teilt sich diese Ehre mit einigen anderen Städten, darunter Villach und Maribor.

Udine ist Schul- und Universitätsstadt. Die Jugend, die hier 21 Grundschulen, 8 Sekundärschulen und 11 weiterbildende Gymnasien und Hochschulen frequentiert, prägt vor allem mit den 16 000 teilweise internationalen Studenten die Stadt. Stellt sich uns nur die Frage, wo die Jugend abtanzt, denn klassische Discos sind rar in der Stadt – das „Gattomatto" in der Viale Venezia, das „Queen Theater" in der Via Palladio oder das „Mamma Mia" in der Via Udine liegen in den Außenbezirken. Doch herrscht die weit verbreitete Sitte, sich unter seinesgleichen zu amüsieren: In Udine mietet man mit Vorliebe ganze Lokale für Geburtstagsfeiern oder für die Studienabschlussfeier – dort geht die Post dann exklusiv ab. Und in die Disco kann man immer noch anschließend ziehen.

Das Furlanische/Il Furlan

Mandi! Ein Gruß, den man in Udine oft hört – und oft werden so auch deutschsprachige Gäste begrüßt. So gut wie jeder Udineser spricht Furlanisch, und zwar die Variante „centro-orientale", also zentral-östlich – in der Familie, unter Freunden, die Älteren mehr als die Jungen. Außerdem existiert noch ein Dialekt aus dem

Veneto, der aber sehr selten ist und immer weniger gebraucht wird. Das Furlanische oder auch Friulanische (*Furlan/Friulano*) ist also kein Relikt vergangener Tage, das mithilfe verordneter Doppelsprachigkeit auf den Ortsschildern künstlich am Leben gehalten wird. Nein, Furlanisch lebt und wird von mindestens 600 000 Menschen im Friaul gesprochen – für die nationale Identität der Friulaner von großer Bedeutung und daher auch hochgehalten. Ihre Sprache ist als regionale Amts- und Schulsprache anerkannt und vor allem in den Provinzen Pordenone und Udine weit verbreitet.

Furlanisch ist eine eigene Schriftsprache und gleichzeitig ein Teil des Rätoromanischen (wie die drei bis vier ladinischen Varietäten Südtirols und die fünf bündnerromanischen der Schweiz). Andere Lehrmeinungen besagen wiederum, es sei eine eigene romanische Sprache wie eben Italienisch oder Spanisch. Jedenfalls aber ist es eine Sprache des Volkes, der Adel sprach Italienisch oder auch Deutsch.

Innerhalb der Sprache haben sich aufgrund der unterschiedlichen Entwicklung der Gebiete zahlreiche Dialekte entwickelt. Vor allem im Süden ist mittlerweile das Italienische schon weit in diese Sprache eingedrungen, und schon die Patriarchen förderten die Latinisierung, die durch die lange Zugehörigkeit zu Venetien noch begünstigt wurde.

Ein einheitliches Standardfurlanisch fehlt daher, ein Problem, das sich das Furlanische mit anderen Minderheitensprachen teilt. Die größte Organisation zur Sprachpflege ist die Societât filologjiche furlane, die im Jahre 1919 in Görz gegründet wurde.

Heute gibt es Online-Zeitungen, mit Radio Onde Furlane einen Rundfunksender und ein furlanisches Internetportal (www.lenghe.net). In Kunst und Kultur ist das *Furlan* ebenso präsent: Musikgruppen singen auf Friulanisch, vor Kurzem wurden auch zwei furlanische Filme („Tierç lion", „Lidrîs cuadrade di trê") gedreht und stießen in italienischen Zeitungen auf positive Kritik. In der Provinz Udine sind circa 40 % der Ortsschilder zweisprachig, nämlich auf Italienisch und Furlanisch (z. B. Udine und Udin) und

seit 2004 werden auch einsprachig italienische Straßenwegweiser sukzessive durch zweisprachige ersetzt.

In der Literatur finden sich Zeugnisse der Sprache aus dem 14. Jh., amtliche Dekrete gehen sogar zurück bis ins 13. Jh. Beim Vergleich mit der heutigen Sprache fällt auf, dass sie sich seit damals nicht wesentlich verändert hat – ein moderner Friulaner könnte also problemlos das mittelalterliche Furlanisch verstehen. Im 16. Jh. verfasste ein Poet namens Ermes di Colorêt über 200 Gedichte und übersetzte verschiedene Werke der Weltliteratur wie etwa Dantes „Göttliche Komödie" ins Friulanische.

In jüngerer Zeit widmete sich **Pier Paolo Pasolini** (1922–1975) mit Hingabe der Pflege der Minderheitensprache und gründete 1944 eine Akademie für das Furlanische, die *Academiuta di lenga furlana*, als Ausdruck seines Widerstandes gegen den Faschismus, aber auch um dem Klerus nicht die Alleinnutzung der Sprache zu überlassen. Pier Paolo Pasolini, der sich so sehr für das *Furlan* einsetzte, wurde zwar in Bologna geboren, verbrachte aber im Friaul seine Jugend und arbeitete auch als Lehrer in Valvasone, wo er begann, Gedichte auf Furlanisch zu schreiben und wo er auch die Akademie gründete. Damit sicherte er der friulanischen Lyrik einen anerkannten Platz in der europäischen Literatur. 1960 entdeckte er das Kino, in dem er als Regisseur und Drehbuchautor schonungslose Gesellschaftskritik betrieb, inspiriert vom Elend der Vorstädte, etwa in Rom. „Mamma Roma", „Accattone", „Edipo Re" und „La Ricotta" gehören zu seinen bekanntesten Werken. 1975 kam er auf mysteriöse Weise ums Leben, er wurde von einem Strichjungen in Ostia ermordet, wiewohl es Hinweise auf einen politisch motivierten Auftragsmord gab. Literaturtipp: „Wie eine Viole in Casarsa", Poesie von Pier Paolo Pasolini auf Deutsch/Italienisch/Furlanisch.

Veranstaltungen

KULTUR & TRADITION:

Film: Mit dem Enstehen der Cineplexx Centers in der Peripherie der Stadt (z. B. Cineplexx in der Città Fiera) schlossen die meisten Kinos im Stadtzentrum nach und nach ihre Pforten – das Odeon,

Capitol und Ariston gehören nun der Vergangenheit an. Kino in der Stadt ist aber dennoch ein durchaus präsentes Thema, nämlich anlässlich des alljährlichen Far East Film Festivals (www.fareastfilm.com) im April, wenn über hundert Verteter des fernöstlichen Films Udine überschwemmen. Das 1 200 Sitzplätze umfassende Teatro Nuovo Giovanni da Udine ist Hauptschauplatz des Events, wo in der Festivalzeit ab dem Vormittag bis spät in die Nacht Filme aus China, Taiwan, Korea, den Philippinen und vielen anderen Ländern des Fernen Ostens geboten werden. Das neue Kultur- und Kinozentrum **Visionario** der veranstaltenden Organisation C.E.C. (Centro Espressioni Cinematografiche) in der Via Asquini 33 und das alte **Cinema Centrale** in der Via Poscolle 8 sind weitere Veranstaltungsorte. Zehn Tage ist die Stadt im Festival-Fieber und Side-Events mit Musik und Tanz lassen die Stadt pulsieren.

Vicino/Lontano: Philosophen, Studenten, Autoren und Journalisten debattieren an einem Wochenende im Mai unter reger Anteilnahme des Publikums zu den Themen Identität und essenzielle und kritische Reflexion über die heutige Zeit (www.vicinolontano.it). In Rahmen dieser Veranstaltung wird der Premio **Terzani** vergben, ein internationaler Literaturpreis, der im Andenken an den Autor und Journalisten Tiziano Terzani vergeben wird.

Premio Nonino: Seit 1975 wird auf Initiative der berühmtesten Grappabrenner-Dynastie des Landes, der Noninos, dieser Literaturpreis in den Hallen der Firmengeländes in Percoto bei Udine vergeben. Ursprünglich ging es der Familie Nonino darum, regionale landwirtschaftliche Produkte auf die Bühne zu holen, heute hat sich die Veranstaltung zu einem der angesehensten internationalen Literaturpreise des Landes gemausert. www.nonino.it

UdinEstate: Dieser Name bildet den Rahmen für eine lange und bunte Reihe von Veranstaltungen und Konzerten, die großteils im Innenhof des Palazzo Morpurgo und am weitläufigen Platz auf dem Schlossberg stattfinden.

Internationales Gitarrenfestival: Im Juni steigt dieses Event, das im großen Parlamentssaal im Castello über die Bühne geht, stets unter Beteiligung von Künstlern mit Weltruf.

Udin&Jazz: Unter anderem Dionne Warwick, James Brown und Wayne Shorter waren seit 2008 hier, es findet ebenfalls im Juni statt.

Free Cormôr Rock: Im Park von Cormor wird im Juni gerockt und gesportelt

Fasching: Udine hat auch einen Karneval, der sich in den Tagen vor dem Aschermittwoch mit einem kunterbunten Programm manifestiert. In den Straßen und auf den Plätzen der Altstadt finden allerlei Events, Konzerte, historische Inszenierungen und ein Umzug mit dekorierten Vehikeln statt, Kinderprogramme und Kulinarisches kommt dabei nicht zu kurz.

Notte bianca im Juli: ein Abend, der für alle Alterstufen besondere Erlebnisse – meist zum Nulltarif – bereithält. Die Museen halten bis spät in die Nacht geöffnet, Sonderführungen zeigen der Öffentlichkeit sonst nicht zugängliche Schätze wie die Kerker des Castellos, überall in der Stadt spielt Musik auf, Kulturveranstaltungen, Spiele und Shopping lassen die Nacht zum Tage werden.www.cultura.it

Friuli doc: Seit 1995 beliebte viertägige Veranstaltung im September in der Innenstadt mit unzähligen Präsentationsständen, die das Beste zum Trinken und Schmausen aus Friaul und aus dem Alpen-Adria-Raum anbieten. Über eine Million Besucher lassen sich dieses kulinarische Spektakel nicht entgehen.

Traditionelle Märkte: Sankt-Katharina-Markt 25. November, Valentinsmarkt 15. Februar im Borgo Pracchiuso. Es gibt auch einen Weihnachtsmarkt vor dem Dom, der sich mit seinen bescheidenen Ständen trotz aller Bemühungen mit den alpenländischen Pendants nicht messen kann.

SPORT:

UdinBike: Findet im Juni statt, hier geht es nicht darum der Beste, sondern dabei zu sein. War schon zwei Mal im Guinessbuch der Rekorde: 1999 mit 33 000 Teilnehmern, 2000 mit sogar 48 000!

Rally del Friuli im August.

Laufen: Maratonina di Udine im Mai.

Fußball: Ohne Udinese Calcio läuft gar nichts in Udine. Die Udineser lieben Fußball und ihren Club (www.udinese.it), der schon 1896 gegründet wurde und damit einer der ältesten Clubs Italiens ist. Der historisch größte Erfolg mit dem zweiten Platz in der italienischen Liga liegt mit dem Jahr 1954/55 zwar schon lange zurück, jedoch ging die Teilnahme an der Champions League in der Saison 2005/06 viel bejubelt in die Geschichte ein. Bis ins Achtelfinale schafften es die Mannen von Udinese, dann scheiterten sie knapp an Slavia Prag. Auch von 2010 bis 2012 schafften sie es in die Play-off-Runde der Champions League, wo sie sich jeweils knapp geschlagen geben mussten. In der Saison 2011/12 schafften sie es in der italienischen A-Liga immerhin auf den dritten Platz, den sie gegen so prominente Gegner wie Juventus Turin, Lazio Rom und Inter Mailand erkämpften.

So spielt auch das Stadio Friuli mit derzeit knapp über 30 000 zugelassenen Sitzplätzen eine wichtige Rolle in Udines Geschehen. Es wurde Anfang der 1970er-Jahre nahe dem Messegelände in der Vorstadt, am Piazzale Repubblica Argentina, als Leichtathletik-stadion erbaut und beherbergte auch Spiele der Fußballweltmeister-schaft 1990. 2005 wurde es aus Anlass der Qualifikation für die Champions League runderneuert. Jetzt steht wieder eine Erneue-rung an, bei der das Stadion überdacht werden soll und Einkaufs- Gastronomiebereiche entstehen sollen.

Wer sich ein Spiel der italienischen A-Liga mit vielen attraktiven Weltklasseclubs ansehen möchte, informiert sich am besten auf der Homepage unter www.udinese.it bzw. kauft Tickets über Kartenbüros wie www.eventticketshop.at

Ausflugsziele

Die Udineser lieben es, am Wochenende und wann immer sie frei haben, ins Umland aufzubrechen und die zahlreichen abwechslungsreichen Verlockungen Friauls zu genießen. Auch für Besucher Udines ist eine Kombination von Stadt und Umland äußerst reizvoll – so könnte man draußen wohnen und das Zentrum besuchen, oder umgekehrt von Udine aus eine Runde zum Golfen nach Fagagna fahren, zu den Weingütern nach Buttrio oder zu einer Ausstellung in der Villa Manin.

Hier nun einige der wichtigsten Sehenswürdigkeiten und Ausflugsziele rund um Udine:

ABBAZIA DI ROSAZZO: Kloster & Weingeschichte

Größtes Kulturdenkmal der Gegend, ein ehemaliges Kloster, heute Seminarzentrum, das als Geburtsstätte von autochthonen Weinen, wie dem kostbaren Pignolo, und mit dem ältesten Weinkeller Friauls auch für Weinkenner von historischer Bedeutung ist. Uralte Olivenkulturen und ein Rosenparadies mit 1 500 alten und modernen Rosensorten sind ebenso ein Verdienst der Padres. Im Shop kann man die Weine der Vinai dell'Abbate und feines Olivenöl erstehen. www.abbaziadirosazzo.it

BUTTRIO: Kulinarische Hochburg

Vor den Toren Udines liegt im Südosten Buttrio, das Wein und Gastronomie perfekt vereint. Bei Paolo Meroi kann man darüber streiten, ob seine Weine oder die Bewirtung in seinem legendären „Al Parco" (Via Stretta del Parco 1, Tel. +39 0432/67 40 25) im Zentrum höher im Kurs stehen; im Agriturismo „Scacciapensieri" (www.agriturismoscacciapensieri.it) lässt sich's trefflich nächtigen und mitsamt den Weinen des Hauses tafeln zugleich. Auch das **Castello di Buttrio** hat aufgerüstet, seit es unter Felluga-Führung steht. Das Schloss wurde gefühlvoll renoviert und bietet edle Suiten zum erschwinglichen Preis, die dazugehörige Locanda ist ein kulinarisches Highlight, das im Sommer einen fantastischen Ausblick über die Weinberge und den Ort bietet. www.castellodibuttrio.it

COLLIO: Golfen im Weinparadies

Jede Menge Edelwinzer haben hier ihre Güter – genug für ein eigenes Buch: Russiz Superiore von Roberto Felluga und Villa Russiz in Capriva, Jermann, Venica & Venica in Dolegna, in Cormòns Livio Felluga, Francesco Vosca, Ronco del Gelso, Princic, Keber usw. Ein Glanzlicht ist das malerische Schloss **Castello di Spessa**, ausgestattet mit einem jahrhundertealten Weinkeller. Und hier spielt man auch Golf: Der Platz wurde auf 18 Loch erweitert und führt abenteuerlich über Weinberge und Fluss. In der dazugehörigen Taverna isst man königlich, auch übernachten lässt es sich fein. www.paliwines.com

MANZANO: Balsamico & Grappa

In der Stadt der Sesselfabrikation gibt es ein besonderes Highlight für Feinspitze: Die „Balsameria" des Lino Midolini. Hier reift feinster Balsamico in kleinen Holzfässern seiner Vollendung entgegen – mit über 2 000 dieser Fässer gilt sie als größte Balsameria weltweit. www.midolini.com

Nur 4 Kilometer westlich von Manzano liegt die „Distilleria Nonino", der weltweit renommiertesten Grappamarke schlechthin. Hier wurde die Branche mehrfach revolutioniert, einerseits mit reinsortigen Bränden und andererseits mit dem „ÙE", der aus der ganzen Traube und nicht aus Trester gebrannt wird. www.grappanonino.it

CIVIDALE: Malerisches Kleinod mit Geschichte

17 Kilometer östlich von Udine liegt dieses sympathische Kleinod mit dem mittelalterlichen Stadtkern. Schon der Anblick des Städtchens am steilen Flussufer des Natisone vor der malerischen Kulisse der Berge ist einen Ausflug wert. Als Stadt, deren Geschichte mit den Kelten und Römern begann und die als Patriarchensitz und Langobardenhauptstadt den Aufstieg schaffte, kann sie mit vielen steinernen Zeugen der Geschichte aufwarten – z. B. mit dem **Dom**, dem **Museo Cristiano** mit seinem berühmten Ratchis-Altar oder mit dem winzigen Langobardentempel **Tempietto Longobardo**, der als eines der wenigen Bauwerke, die noch aus der Langobardenzeit erhalten sind, berühmt wurde. Unübersehbar ein anderes Wahrzeichen der Stadt – die sagenumwobene **Ponte del Diavolo**

aus dem 15. Jh., die Teufelsbrücke, die spektakulär die Natisone-Schlucht überspannt. Auch Leckermäuler kommen in dem Städtchen voll auf ihre Kosten: In und um die Stadt produzieren die besten Gubana-Bäcker die berühmte Mehlspeise, die ihre Verwandtschaft zum Kärntner Reinling und zur slowenischen Potica kaum leugnen kann! Übrigens: FVG Card-Besitzer fahren gratis mit dem Zug von Udine nach Cividale!

Einkehren könnte man beispielsweise in der traditionellen Osteria „Ai Tre Re" in der Via Stretta San Valentino 29 mit den gemütlichen holzvertäfelten Stuben oder in der modern gestylten „Enoteca de Feo" in einer kleinen Seitengasse der Piazza P. Diacono, wo man vom schnellen Kaffee bis zum Klasse-Menü alles bekommt – feine Weine und Appetithappen natürlich genauso!

VALLE DI CIALLA: Schioppettino entdecken
Mit dem Dörfchen Prepotto als Zentrum ist dieses an sich unspektakuläre Tal unweit von Cividale Hochburg der autochthonen Rebe des Schioppettino. Überblick über die vielen lokalen Produzenten dieses eleganten Roten verschafft man sich am besten in der „Enoteca Trattoria da Mario", wo man auch vorzüglich speist – am besten probiert man die Spezialität des Hauses, das sagenhafte Schweinerne (*maialata*), das hervorragend mit dem Schioppettino harmoniert. www.enotecaschioppettino.it
Eine entzückende Wohnoase befindet sich gleich einen Katzensprung weiter: Im Agriturismo „Tinello di San Urbano" wohnt man fast direkt in den Weingärten.
www.tinellosanurbano.it

PALMANOVA: Shoppen im Outlet
Eine Stadt, die auf dem Reißbrett eines venezianischen Militär-ingenieurs entstand und die als militärischer Schutzwall gegen Türkeneinfälle und österreichische Machtansprüche dienen sollte. Doch der Zuzug an Einwohnern in die sternförmig erbaute Stadt mit dem Mauerring ließ bis heute zu wünschen übrig – nicht zu wünschen übrig lässt allerdings der Andrang in das Factory-Outlet mit seinen bunten Häuschen in Aiello del Friuli mit einem interessanten

Markenmix aus allen Branchen, von Mode über Sport bis zu Heim-
ausstattung gibt es alles zu meist recht attraktiven Preisen.
www.palmanovaoutlet.it

VILLA MANIN: Große Villa, große Events
Westlich von Udine, in Passariano, liegt der berühmte Prunkbau,
den Ludovico Manin, der letzte Doge, im 18. Jh. erbauen ließ, um
sich beim venezianischen Adel gebührend in Szene zu setzen. Die
Ausmaße sind gewaltig, die Ausgewogenheit der Architektur hin-
gegen nicht ganz überzeugend. Napoleon unterzeichnete hier am
18. Oktober 1797 den Friedensvertrag von Campoformido zwischen Frankreich und Österreich, mit dem Friaul und Istrien an
Österreich gingen. Der kleine Korse bewertete die Villa des gel-
tungsbedürftigen Dogen mit folgenden Worten: „Zu groß für einen
Grafen, zu klein für einen König."
Heute ein Veranstaltungsort für Ausstellungen (2012 war das
Tiepolo-Jahr), Großkonzerte (R.E.M., Bocelli, Anastacia usw.),
Reitturniere und vieles mehr. Sehenswerter Park mit fast 20 Hektar
und Edel-Stallungen. www.villamanin.it

FAGAGNA: Udines Golfplatz & Eselrennen
Zwei Hauptattraktionen hat der hübsche Ort mit dem mittelalterlichen Stadtkern, über dem das Castello di Villalta thront: Hier liegt
der – vor allem im Winter bei den nördlicheren Nachbarn besonders
beliebte – schöne, von alten Bäumen bestandene 18-Loch-Golfplatz
von Udine, in dessen Restaurant man auch kulinarisch stets gut
versorgt ist. www.udinegolf.com
Anfang September findet das berühmte Eselrennen statt, bei dem
sich die verschiedenen Stadtviertel mit ihren Eselsulkys heiße Rennen liefern.
In der Nähe, etwas südwestlich, in San Vito di Fagagna, wartet übrigens ein heißer Tipp für Fleischtiger (aber nicht nur für solche ...):
Für die „Trattoria Da Irma" (Via Unica 15, Tel. +39 0432/80 80 21)
fahren die Udineser am Wochenende meilenweit und träumen
spätestens ab dem Mittwoch zuvor von der *Fiorentina* aus bestem
Chianina-Rind.

SAN DANIELE: Schinken, was sonst?

Eines der beliebtesten Ausflugsziele ist das berühmte Prosciutto-Städtchen in seiner malerischen Lage auf einem weithin sichtbaren Hügel. San Daniele machte im Mittelalter Udine als Handelszentrum zwischen Nord und Süd starke Konkurrenz, heute konzentriert man sich erfolgreich auf die Produktion des begehrten Schinkens. Aber auch historisch lohnt ein Besuch der Altstadt mit dem **Dom San Michele Arcangelo** und dem **Palazzo del Municipio** mit der ältesten öffentlichen Bibliothek Frauls, besonders eindrucksvoll ist die Kirche **Sant'Antonio Abate**, wo der Renaissancemaler Pellegrino da San Daniele, der große Sohn der Stadt, ein beeindruckendes Freskenwerk hinterließ.

Wer sich übrigens beim Anblick der **Porta Gemona** an jenen Torbogen erinnert fühlt, der den Zutritt zum Udineser Schlossberg bewacht, der ist auf dem richtigen Weg: beide wurden vom berühmten Baumeister Palladio entworfen.

Und zum Prosciutto: In fast 30 Produktionsbetrieben aller Größenordnungen rund um die Stadt reifen die begehrten Keulen in den klimatisierten Räumen der **Prosciuttifici** – mindestens 12 Monate, die beste Qualität sogar bis zu 20 Monate. Mittlerweile fast 3 Millionen Schinken, die das streng kontrollierte Gütesiegel erhalten, werden jährlich produziert und auf den Markt gebracht. Verkosten kann man die Spezialität in den Verkaufsstellen der Betriebe und natürlich in allen hiesigen Lokalitäten, nach Anmeldung kann man einige Betriebe auch besichtigen. Höhepunkt ist das „Aria di Festa" im Sommer, wenn die ganze Stadt zum Festgelände wird. Natürlich ist der Schinken aus San Daniele auch der Renner in Udines Osterias und Bars!

Einkehren: Dok dall'Ava, www.dokdallava.com – großer Produzent mit gutem Lokal, Da Scarpan – zentrale Osteria mit regionstypischer Küche, zu der auch Forelle gehört (Via Garibaldi 41, Ai Bintars – wo die Einheimischen den Prosciutto genießen (Via Trento e Trieste, gegenüber dem Spital).

Einkaufen: Bottega del Prosciutto, Via Umberto 12 – verführerischer Feinkostladen mit stilgerechter Schinkenkeulendekoration im Zentrum.

STRASSE DER SCHLÖSSER: Aristokratisches Ambiente
Zwischen San Daniele und Tavagnacco führt die Strada dei Castelli
e dei Sapori vorbei an einer ganzen Reihe von Burgen und Schlös-
sern, die reizvolle Akzente in die Landschaft setzen. Die meisten sind
nicht grundsätzlich der Öffentlichkeit zugänglich, doch gibt es immer
wieder bestimmte Öffnungszeiten und Termine für Führungen, die
auf der Website der Schlösserstraße ersichtlich sind. Zur Reihe der
Schlösser gehören u. a. die gut erhaltene Burg von **Arcano** zwischen
Fagagna und San Daniele, das **Castello di Villalta** in Fagagna, über
Moruzzo gelangt man zur Burg **Colloredo di Monte Albano**, die
beim Erdbeben von 1976 schwer beschädigt wurde. Hier wohnte für
längere Zeit auch der italienische Schriftsteller Ippolito Nievo, der in
seinen „Confessioni di un italiano" die politischen und sozialen
Zustände seiner Zeit authentisch schilderte. Bei Tricesimo liegt das
Castello di Tricesimo, sehenswert ist auch die **Villa Gallici Deciani**
in Montegnacco.
Infos über Besuche unter www.consorziocastelli.it.
Einkehren: La Taverna, Colloredo di Monte Albano (www.ristoran-
telataverna.it). Dieses Ristorante lockt mehr Besucher an als alle
Schlösser zusammen. Seit jeher gut und elegant, gilt es als eines
der besten Häuser des Landes. Schöner Garten, erlesene Küche
und sehenswerter Weinkeller – natürlich mit entsprechendem
Preisniveau.

TARVIS: Schnell noch ein Stückchen Italien
Letzte Möglichkeit bei der Rückkehr, für zu Hause noch Prosciutto
oder Wein einzukaufen – oder gar eine Lederjacke am legendären
Tarviser Markt zu erstehen, der vor einigen Jahren eine neues
Gesicht bekommen hat. (Ach ja: Nicht vergessen zu handeln – das
ist nicht aus der Mode gekommen. 50 % können schon drin sein!)
Oder man geht noch schnell auf eine knusprige Holzofen-Pizza,
etwa im Ristorante 2000 in der Via Parini 4. Gut auch die Ex-Posta
in Coccau-Tarvis, wo man bodenständig-karnische Küche erwarten
darf, Via Friuli 55. Falls man des Nachmittags in Tarvis landet und
Hunger verspürt: Im Ristorante des Golfclubs kann man auch zu
Un-Essenszeiten köstliche Fischgerichte und Pasta genießen
(www.ristorantegolfclub.com)!

Der aktuelle In-Treffpunkt liegt mitten im Städtchen, in einer etwas antiquiert anmutenden Bar, die aber Stimmung, dazu feine Weine und trendige Aperitifs anbietet: Tizio e Caio in der Via Roma 43. Wein für zu Hause bekommen Sie bei Doni di Bacco, der eine Riesenauswahl auch an Spitzenetiketten feilbietet, in der Via Roma 101; in der Enoteca Dawit hält man ausgezeichnete kalte Imbisse bereit – und natürlich ebenfalls Weine (aus Udine kommend an der Hauptstraße vor Tarvis, Via Alpi Giulie 30)!

Blick vom Castello di Udine

Castello di Spessa

Villa Manin

Cividale

Übernachten

IN DER STADT

… mit 4 Sternen:

ASTORIA HOTEL ITALIA
Piazza XX Settembre 24
Tel. +39 0432/50 50 91
astoria@hotelastoria.udine.it
www.hotelastoria.udine.it
Traditionsreiches Haus im Herzen der Stadt mit feinem Restaurant. Straßenseitige Zimmer können etwas laut sein, die Lage ist aber ideal für abendliche Touren ohne Auto (für das es gegen einen stattlichen Aufpreis eine Garage gibt). Hier haben schon Maradona und Berlusconi übernachtet, auch die in Udine gastierende Crème de la Crème des italienischen Fußballs steigt in diesem Haus gern ab.

AMBASSADOR PALACE HOTEL
Via Carducci 46
Tel. +39 0432/50 37 77
info@ambassadorpalacehotel.it
www.ambassadorpalacehotel.it
Hier wohnt man In einem herrlichen Palazzo in grüner Umgebung, besonders das für italienische Verhältnisse geradezu fulminante Frühstück begeistert. In der Innenstadt ist man in wenigen Minuten.

LÀ DI MORET
Piazza XX Settembre 24
Viale Tricesimo 276
Tel. +39 0432/54 50 96
hotel@ladimoret.it
www.ladimoret.it
Beim Anflug aus Norden kommt man direkt daran vorbei: Das Traditionshaus vor den Toren der Stadt, jetzt zur Best Western Gruppe gehörig, hat sich zum modernen Businesshotel mit schöner Wellnessabteilung gemausert, auch die meisten Zimmer sind neu. Das Preis-Leistungsverhältnis ist erfreulich, und das hoteleigene Restaurant, in dem einst italienische Spitzengastronomie kultiviert wurde, ist noch immer einen Besuch wert!

... mit 3 Sternen:

HOTEL ALLEGRIA

Via Grazzano 18
Tel. +39 0432/20 11 16
info@hotelallegria.it
www.hotelallegria.it

Diese drei Sterne können sich sehen lassen: Tolles, dabei aber stimmungsvolles Design in einem der alten Bürgerhäuser in der Via Grazzano sehr nahe dem Zentrum, von den geschmackvollen und blitzsauberen Zimmern über das nette Ristorante bis zur Tiefgarage stimmt hier alles – Service und Freundlichkeit natürlich ebenso!

CLOCCHIATTI

Via Cividale 29
Tel. +39 0432/50 50 47
info@hotelclocchiatti.it
www.hotelclocchiatti.it

Zwei Hotels in einem vereint bietet das kleine, familiäre Haus, in dem der Chef selbst dafür sorgt, dass alles passt: die historische Villa und der trendige Neubau, „next" genannt, für dessen Design man schon etwas mehr bezahlt. Schöner, exotischer Garten mit Pool. 10 Minuten vom Stadtzentrum.

ALBERGO AL VECCHIO TRAM

Via Brenari 28
Tel. +39 0432/50 71 64
info@hotelvecchiotram.com
www.hotelvecchiotram.com

Im sienaroten Eckhaus, zwischen Bahnhof und Zentrum, hat sich dieses hübsche Designerhotel eingerichtet, das das Potenzial zum Wohlfühlhaus hat. Moderne Zimmer und freundliche Bedienung, in der Relation etwas teurer.

HOTEL SUITE INN

Via di Toppo 25
Tel. +39 0432/50 16 83
info@suiteinn.it
www.hotelsuiteinn.it

Ein kleines Designerhaus, das vor allem durch seine äußerst bemühten Gastgeberinnen schon etliche Fans gefunden hat: Hier stimmt von den originellen, modernen Zimmern übers Frühstück mit extra großem Cappuccino bis hin zum Service alles. Circa 15 Minuten vom Zentrum. Kostenloser gesicherter Parkplatz.

CONTINENTAL

Viale Tricesimo 71
Tel. +39 0432/46 969
info@hotelcontinental-ud.it
www.hotelcontinental-ud.it
Noch ein Vertreter der Best Western Gruppe, allerdings ganz anders als das traditionelle Là di Moret: Moderner Hochhausbau, aber nicht mehr der allerneueste. Service ist freundlich, ansonsten ein ordentliches, sauberes, unaufgeregtes Großhotel vor der Stadt. Ein Plus für Rumfans: Gegenüber ist die Casa del Rum!

PRINCIPE

Viale Europa Unita 51
Tel. +39 0432/50 60 00
info@principe-hotel.it
www.principe-hotel.it
Hauptargument für dieses schon ältere Hotel ist für alle Zugreisenden seine günstige Lage in der Nähe des Hauptbahnhofes. Saubere Zimmer, freundlicher Service.

AL CAPPELLO

Via Paolo Sarpi 5
Tel. +39 032/29 93 27
info@osteriaalcappello.it
www.osteriaalcappello.it
Richtig, diesen Namen haben Sie schon gelesen: es ist die Osteria in der Altstadt, die ihrem Namen mit Hunderten von Hüten alle Ehre macht. Unmittelbar am stets emsigen Treiben in dem und vor dem Lokal kann man auch das Haupt zur Ruhe betten. Einige Zimmer, fantasievoll farbig und mit antiken Möbel ausgestattet, bieten – ex

aequo mit dem noblen Astoria – wohl das zentralste Quartier der Stadt. Ein Besuch der Hauskatze ist nicht ausgeschlossen!

Bed and breakfast:

CASA MERCEDES
Via Mazzini 9
Tel. +39 0432/50 48 93
casamercedes@libero.it
Hier wohnt man wie anno dazumal in einem imposanten Palazzo mit erholsamem Garten, die antiken Zimmermöbel zeugen von der Familiengeschichte. Das Frühstück ist erfreulich liebevoll und umfangreich, in den beiden Zimmern, der Suite, im Aufenthaltsraum und auf den beiden Terrassen fühlt man sich äußerst wohl. Weitere Angebote erhalten Sie beim Tourismusbüro. Unter www.turismofvg.it/Booking/Bed-and-Breakfast-Udine geben Sie Ihre Wünsche für Übernachtung mit Frühstück ein.

AUF DEM LAND

RELAIS CASA ORTER
Via Stazione 11
Risano
Tel. +39 0432/56 47 73
www.casaorter.it
Auch das hat seine Vorteile: Wohnen vor der Stadt im Grünen. Ganz zauberhaft wohnt man in diesem umgebauten historischen Landgut mit einem ausgedehnten Park voller alter Eichen, 13 Kilometer von Udine entfernt. Mit Gourmetrestaurant und klimatisierten Zimmern.

Auf zahlreichen **Agriturismo**-Bauernhöfen gibt es komfortable Übernachtungsmöglichkeiten, die man unter www.turismofvg.it finden kann. Wenn schon die herrlichen Weinberge in der Nähe sind, so scheint es doch naheliegend, sich gleich bei einem Weinbauern einzuquartieren – auf die Gefahr hin, dass man gar nicht mehr in die Stadt kommt, weil es so schön ist … Hier einige exemplarische Vorschläge fürs Wohnen beim Winzer:

CASTELLO DI BUTTRIO

Via Morpurgo 9

Tel. +39 0432/67 36 59

www.castellodibuttrio.it

Schlafen im Schloss unter den Fittichen der Familie Felluga – und das zu durchaus erschwinglichen Preisen und mitten in den Weinbergen. Gerade erst frisch renoviert, ausgestattet mit edlen, individuell gestalteten Zimmern und Suiten, dazu eine exzellente Trattoria direkt im Schloss und der exquisite eigene Wein. Hier geht einem nichts ab.

SCACCIAPENSIERI

Via Morpurgo 29

Tel. +39 0432/67 907

www.agriturismoscacciapensieri.it

Unweit vom Castello könnte man auch dieses sympathische Agriturismo-Weingut mit weitreichendem Blick vom Hügel aus als Unterkunft wählen – hier geht es etwas rustikaler zu. Aber das gepflegte Landflair, die schmackhafte Küche und eigenen Weine von Marina Danieli zu genießen, das hat schon seinen Reiz.

PERUSINI

Via Torrione 13, Loc. Gramogliano

Corno di Rosazzo,

Tel. + 39 0432/75 91 51

www.perusini.com

Neben edlen Tropfen (probieren Sie den Ribolla Gialla oder den Rosso del Postiglione!) aus den Colli Orientali gibt es stilvoll adaptierte Bauernhäuser, die man für Gäste hergerichtet hat. Im hauseigenen „Ristorante Al Postiglione" kann man sich nicht nur stärken, sondern auch gleich das eine oder andere Fläschchen genießen.

VENICA & VENICA

Loc. Cerò 8

Dolegna del Collio

Tel. +39 0481/61 264

www.venica.it

Äußerst professionell und modern, was die Brüder Venica für ihre Gäste geschaffen haben – mit eigenem Gästehaus und großzügigem Pool. Natürlich befindet man sich auch hier bei einem Winzer allererster Güte, man ist schließlich mitten im Collio. Also: Weine verkosten nicht vergessen!

LA BOATINA

Via Corona 62
Cormòns
Tel. +39 0481/60 445
www.paliwines.com

Ein weitläufiges, über 70 Hektar umfassendes Weingut, das wie das Castello di Spessa zum Reich des Industriellen Pali gehört. Neben dem Castello und der malerischen Tavernetta in Capriva hat auch das Boatina seine Vorzüge: man wohnt in Zimmern im geschmackvollen Landhausstil und bekommt außer Wein eigene Spezialitäten wie Käse, Schinken und sogar Schokolade angeboten.

MULINO DELLE TOLLE

Località Casa bianca
Via Julia 1
Bagnaria Arsa
Tel. +39 0432/92 4723
www.mulinodelletolle.it

Wer sein Quartier südlich von Udine aufschlagen möchten, um eventuell nach Grado einen Abstecher zu machen, ist hier richtig. In diesem Bauernhof gibt es nicht nur blitzsauberen Wein (Tocai Friulano! Rosso Sabelius!) zu wohlfeilen Preisen, sondern ebenso blitzsaubere Betten und eine einladende Trattoria.

Zimmeranfragen:

Tourismusverband
Consorzio FriulAlberghi
Via del Partidor 7
33100 Udine
Tel. +39 0432/22 79 57
www.friulalberghi.it
friulalberghi@friulalberghi.it

INFOPOINT
Udine Tourismusbüro
Piazza I° Maggio 7
33100 Udine
Tel. +39 0432/29 59 72
info.udine@turismo.fvg.it
www.turismofvg.it

Allgemeine Informationen

Udine: Hauptstadt der Provinz Udine in der Region Friaul-Julisch Venetien

Einwohner: Seit 2012 ist die 100 000 Einwohner-Grenze wieder überschritten.

Fläche: 56 km^2

Seehöhe: 114 Meter über dem Meeresspiegel.

Stadtviertel: Baldasseria, Beivârs, Casali Sartori, Chiavris, Cormôr, Cussignacco, Gervasutta, Godia, Laipacco, Molin Nuovo, Paderno, Paparotti, Rizzi, San Bernardo, San Domenico, San Gottardo, Sant'Osvaldo, San Paolo, San Rocco, Sant'Ulderico, Vât, Villaggio del Sole.

Historische Viertel/Borghi storici: Borgo Aquileia, Borgo Gemona, Borgo Grazzano, Borgo Poscolle, Borgo Pracchiuso, Borgo San Lazzaro, Borgo Villalta.

Städtische Festtage: Am 12. Juli feiert man den Tag der heiligen Hermagoras und Fortunatus, der beiden Stadtheiligen, am 25. November das Fest der heiligen Katharina, der mit einem großen Markt begangen wird.

Italienische Feiertage: 1. Januar Neujahr | 6. Januar Heilige Drei Könige | Ostersonntag und Ostermontag | 25. April Tag der Befreiung 1945 | 1. Mai Tag der Arbeit, 3. Juni Tag der Republik | 15. August Ferragosto/Mariä Himmelfahrt |1. November Allerheiligen | 8. Dezember Maria Empfängnis | 25. und 26. Dezember Weihnachten.

Klima: Kontinental, mit warmen Sommern und – relativ – kalten Wintern. Im Winter meist wenig Niederschläge, die mitunter auch als Schnee fallen können, der aber meist nicht lange liegen bleibt (die Statistik spricht von durchschnittlich 10 Zentimeter/Jahr). Bis zu 25 Zentimeter fielen zuletzt Mitte Dezember 2010, auch der

Dezember 2012 brachte eine ansehnliche Schneemenge, die aber von darauffolgenden Regenfällen bald wieder weggeschwemmt wurde. Im Mittel bringt der Januar 7° C, der März schon 13°, der Mai schlägt sich mit angenehmen 22° zu Buche. Der Hochsommer bringt im Juli und August als Maximum im Durchschnitt 28°, der Oktober noch 19°, der November noch immer 13° und der Dezember verzeichnet 8°. Im Jahresschnitt bringt das angenehme 17,7° C.

Notrufnummern:
Polizei-Notruf 113
Polizei (Carabinieri) 112
Feuerwehr (Vigili del fuoco) 115
Rettung (Soccorso pubblico di emergenza) 118
Pannenhilfe ACI (Automobilclub d'Italia) 116

VERKEHR

Bus: Das Busnetz bietet gute Verbindungen sowohl in der Stadt als auch ins Umland und ist somit auch für Touristen zu empfehlen. Tickets gibt es an den Verkaufsstellen in Trafiken, Bars etc., aber auch beim Fahrer (kann teurer sein!). www.saf.ud.it

Taxi: Minimumtarif ist € 5,42, generell durchaus erschwinglich. Radio Taxi Centrale arbeitet 24 Stunden und ist unter der Nummer +39 0432 / 50 58 58 erreichbar. Zwischen 20 und 7 Uhr automatischer Antwortdienst.

Rad: An mehreren strategisch günstigen Punkten gibt es vielversprechende Radstationen von UdineBike, wo Fahrräder für den öffentlichen Gebrauch angeboten werden. Als Gast dürfte das Prozedere aber etwas zu kompliziert sein: man muss sich nämlich mit Dokument und Kreditkarte registrieren lassen (bei der Station „Magrini" in der Via Magrini oder am Sitz der Sosta e Mobilità S.p.A. in der Via Caneva). Gratis ist nur die erste halbe Stunde, dann geht's im Staffeltarif weiter bis zu € 1,50 ab der dritten Stunde, dazu kommen Einschreibgebühr und Kaution von je € 10. Am besten fährt, wer mit dem eigenen Rad kommt, manche Hotels bieten Drahtesel zum Verleih an.

Parken: Prinzipiell gibt es die Möglichkeit, das Auto auf Straßen und Plätzen abzustellen oder in Tiefgaragen bzw. Parkplätzen. Außerhalb des Rings parkt man gratis, muss dafür aber einen kleinen Fußmarsch in Kauf nehmen. Innerhalb des Ringes kauft man das Parkticket an einem der Automaten, der Preis ist davon abhängig, wie zentral man parkt (Stundenpreis von € 0,60 bis zu teuren € 1,50 in wenigen Straßenzügen im Zentrum bei der Piazza XX Settembre und in Domnähe – dort sind die Chancen auf einen freien Platz aber ohnehin denkbar gering).

Die gebührenpflichtige Zeit läuft von 8 bis 20 Uhr, tröstlich ist die Tatsache, dass für die Mittagszeit zwischen 13 und 14.30 Uhr nichts zu berappen ist. Der Sonntag ist gratis, dafür zählt der Samstag, anders als anderswo, voll.

Eine weitere Möglichkeit ist, das Auto in einer der Parkgaragen unterzubringen – wiederum zu unterschiedlichen Tarifen. Von € 0,30 pro Stunde beim P2 Caccia – Viale Caccia und P6 – Via del Vascello bis zu € 1,20 im P9 – Piazza Venerio. Achten Sie auf Staffelungen, die unerwartete Preissprünge mit sich bringen können (z. B. beim P7 – Ospedale ist die erste Stunde bei € 0,80 bzw. € 0,50, die Folgestunde dann aber bei € 1,20) und besonders auch darauf, dass Sie Ihr Gefährt wieder zum gewünschten Zeitpunkt abholen können. Fragen Sie bei der Buchung im Hotel auf jeden Fall gleich nach Abstellmöglichkeiten, je nach Lage gibt es diese manchmal gratis, manchmal auch zu schmerzhaften Tarifen (Hotel Astoria Italia: € 22 pro Tag).

ANREISE

Zug: Eine durchaus praktische und günstige Art der Annäherung. Die Verbindung ist gut – zumindest bis Sommer 2013 verkehren etwa ab Villach zwei Züge direkt (morgens und abends) und das Retourticket kostet € 12. Sogar fürs Fahrrad gibt es um € 5 eine Mitfahrgelegenheit. Von Wien aus ist mit mindestens 6 Stunden Reisezeit zu rechnen, von Graz aus mit 4,5, von Klagenfurt mit gut 2 Stunden und von Villach aus mit 1,5 Stunden in Udine. Die genauen Angebote, Fahrzeiten und Fahrpläne gibt es jedenfalls hier: Tel. +43 05 17 17 oder www.oebb.at.

Auto: Dank der Autobahn die bequemste Art, nach Udine zu reisen. Abfahren bei Udine Nord, Achtung, wenn Sie zur Einkaufsmeile Tricesimo kommen wollen, dann nicht nach rechts Richtung Zentrum fahren, sondern nach links Richtung Tricesimo. Ihren Autobahnobulus zahlen Sie an den Ausfahrten.

Flugzeug: Ist nur bei größeren Distanzen sinnvoll, weil die nächsten Flughäfen doch in einiger Entfernung liegen: Der Flughafen Ronchi dei Legionari bei Triest ist 40 Kilometer von Udine entfernt (www.aeroporto.fvg.it), der Flughafen von Venedig, der Aeroporto Marco Polo Venezia, gar 120 Kilometer (www.veniceairport.it).

Reisezeit: Udine ist das ganze Jahr über eine Reise wert, auch im Winter, wenn es bei uns frostig ist, liegen die Temperaturen meist einiges über dem Gefrierpunkt. Wenn Sie nur wenig Zeit haben, meiden Sie den Sonntag (die Stadt ist wie ausgestorben!) und den Montag (ungünstig, weil einige Läden zumindest halbtags geschlossen halten). Auch mittwochnachmittags kann man auf versperrte Geschäfte treffen. Der Donnerstag, Freitag und Samstag sind also ideal!

Geschäftszeiten: Achtung, die meisten Geschäfte machen eine lange Mittagspause! Besucher sind von der etwa dreistündigen „Siesta" zwischen 13 und 16 Uhr überrascht. Auch abends ist der Geschäftsschluss nicht einheitlich geregelt. Zahlreiche Läden haben vor allem im Sommer bis 22 Uhr geöffnet. Die großen Einkaufszentren vor der Stadt halten oft auch am Sonntag ihre Tore offen.

Touristen-Info: Die wichtigste Anlaufstelle ist das Tourismusbüro an der Piazza I° Maggio, das täglich, also auch sonntags, geöffnet ist und auch keine Mittagspause einlegt!

INFOPOINT Udine
Piazza I° Maggio 7
Tel. +39 0432/29 59 72
info.udine@turismo.fvg.it
www.turismofvg.it

Die freundlichen und kompetenten Damen klären Sie gerne auch auf Deutsch über Übernachtungsmöglichkeiten, Events, Führungen usw. auf und versorgen Sie mit Prospektmaterial. Vor allem gibt es hier wirklich gute und hilfreiche Stadtpläne!

Führungen: Sind eher für Gruppen sinnvoll und werden auf Anfrage im Tourismusbüro angeboten. Interessant mag der Audioführer sein, der in mehreren Sprachen vorhanden ist – eine geplante Systemumstellung könnte aber dieses Angebot vorübergehend aussetzen. Fragen Sie danach. Mit der FVG Card ist der Audioguide sogar kostenlos.

FVG Card: Eine Ermäßigungskarte, die in ganz Friaul gilt und mehr als 200 Angebote einschließt – natürlich auch in Udine und Umgebung. Ein Führer im Taschenformat gibt über die Inhalte Aufschluss, in Udine ist sie vor allem bei Museumsbesuchen, aber auch bei der Benützung öffentlicher Verkehrsmittel und für die Zugsverbindung Udine – Cividale von Vorteil; den Audioführer gibt es, wie gesagt, gratis.
Preis: FVG Card 48 Stunden = € 15, 72 Stunden = € 20, 1 Woche = € 29 für eine Person und ein Kind unter 12 Jahren.

Sonderangebote: Fragen Sie im Tourismusbüro nach Pauschalangeboten, meist gibt es günstige Packages zu Großausstellungen und Veranstaltung z. B. in der Villa Manin oder auch zu einem bestimmten Thema mit Übernachtung, Verpflegung, Eintritt.

Udine im Internet:
www.turismofvg.it – Informationen des friulanischen Tourismusverbandes
www.comune.udine.it – offizielle Seite der Gemeinde mit vielen Infos, nur auf Italienisch
www.udinetoday.it, www.ilquotidianofvg.it, www.udine20.it, www.ilgiornaledelfriuli.net – topaktuelle Infos über Stadtgeschehen und Veranstaltungen (auf Italienisch)

Literaturnachweise

Burello Lucia, *Osterie dentro le mura in Udine tra il Quattrocento e i giorni nostri*, Edizioni della Laguna 2011

Meroi Roberto, *Tutti i volti di Udine assolutamente da scoprire e amare*, Editoriale Programma 2011

Zimmermann K./Theil A./Ulmer C., *Friaul und Triest – Unter Markuslöwe und Doppeladler*, Dumont Kunstreiseführer, 2006

Tschemernjak H./Rupperti E., *Wein in Friaul*, Carinthia 2009

Rupperti Evelyn, *Friaul-Julisch Venetien*, Carinthia 2006

Locande d'Italia, Hallwag/Slow Food Editore 2012

Osterie d'Italia, Slow Food Editore 2013

Udine Stadtführer, FVG 2013

Alpe Adria Magazin, Nr. 4/2007, Kärntner Monat Zeitungs Ges.m.b.H.

Essl Barbara, *Shopping Guide Friaul*, Carinthia 2009

Internet:
www.comune.udine.it
it.wikipedia.org/wiki/Udine

Bildnachweise

Alle Fotos © Marion Assam/www.kaerntenphoto.at, außer:

ENIT/Gallina: 34 Mi., 52
ENIT: 75 r.
FVG: Um. u., 148/149 Mi. oben
FVG/Castiglioni: Um. u., Um. hi., 5 Mi., 88, 91, 92, 94, 95, 106, 120
FVG/Five Zone: 149 Golf
FVG/Lavazza Seranto: 148/149 Mi.
FVG/Milani: 148 Castello Spessa, 149 li. o., re. o.
FVG/Pentaphoto: 148 u.
FVG/Valdemarin: 149 re. u.
FVG/Verin: 100, 149 li. u.
Rupperti: 8, 68, 75 l., 104, 113, 114, 124 Mi. re., 133 li. u., 148
SIME/Guido Baviera: Cover

Das neue Ziel für Genießer, eingebettet zwischen Berg-
gipfeln im Norden, wilden Talschluchten und Meeres-
schönheiten an der Adria. Landschaftlichen Schönheiten und kulinarischen Genüssen waren der Autor Hans
Messner und das Fotografen-Ehepaar Marion und Mar-
tin Assam im Westen Sloweniens auf der Spur. Zwischen
Kranjska Gora und Portorož haben sie eine Vielzahl an
Augen- und Gaumenfreuden entdeckt.

Hans Messner
SLOWENIEN
Genussland zwischen Alpen und Adria

192 Seiten, 21 x 21 cm
Cell. Pappband
€ 24,99 · ISBN: 978-3-7012-0132-7

Die PARENZANA, die Schmalspurbahn von Triest über Koper, Portorož, und Buje bis Poreč (*lat. Parentium*), wurde seit dem Jahr 1902 von den k. k. Staatsbahnen betrieben. Nach dem Zerfall Österreich-Ungarns übernahm die Italienische Staatsbahn den Betrieb, legte die Strecke aber im Jahr 1935 still. Heute wird die Trasse, die über drei Staaten, Italien, Slowenien sowie Kroatien, verläuft, als „Weg der Gesundheit und Freundschaft" genutzt und ist ein multinationaler Radwanderweg über eine Strecke von rund 110 Kilometern.

Janko Ferk · Sandra Agnoli
DIE PARENZANA
Gehen. Genießen. RAD fahren

208 Seiten, 14,5 x 20,5 cm
Franz. Broschur
€ 19,99 · ISBN: 978-3-7012-0127-3

CARINTHIA

Die Schönheit des Friaul erschließt sich auf vielfältige Weise. Die Menschen und ihre Geschichten bergen stets Überraschungen – so ist die wahre Geschichte von Romeo und Julia eine friulanische. Aber auch Kulturpflanzen wie der Maulbeerbaum, der Kakibaum, oder der *giuggiolo* prägen die Landschaft und erzählen Spannendes über Tradition und Gegenwart. Zwischen Bergen und Meer präsentiert sich die Küche des Friaul in all ihrer Vielfalt, besonders, wenn man wie die Autoren ständig auf der Suche nach traditionellen Köstlichkeiten ist.

Gisela Hopfmüller · Franz Hlavac
FRIAUL ERLEBEN
Pflanzen – Küche – Lebensfreude

216 Seiten, 21 x 21 cm
Gebunden mit SU
€ 24,99 · ISBN: 978-3-7012-0122-8

styria regional

CARINTHIA